博雅文叢

簡易哲學綱要

蔡元培 著

出版說明

「博雅教育」，英文稱為 General Education，又譯作「通識教育」。

甚麼是「通識教育」呢？依「維基百科」的「通識教育」條目所說：「其一是通才教育；其二是指全人格教育。通識教育作為近代開始普及的一門學科，其概念可上溯至先秦時代的六藝教育思想，在西方則可追溯到古希臘時期的博雅教育意念。」歐美國家的大學早就開設此門學科。

在兩岸三地，「通識教育」則是一門較新的學科，涉及的又是跨學科的知識。概而言之，乃是有關人文、社科，甚至理工科、新媒體、人工智能等未來科學的多方面的古今中外的舊常識、新知識的普及化介紹，等等。因而，學界歷來對其「定義」抱有各種歧見。依台灣學者江宜樺教授在「通識教育系列座談（一）會議記錄」（二零零三年二月）所指陳，暫時可歸納為以下幾種：

一、通識就是如（美國）哥倫比亞大學、哈佛大學所認定的 Liberal Arts。

二、如芝加哥大學認為：通識應該全部讀經典。

三、要求學生不只接觸 Liberal Arts，也要人文社會科學學生接觸一些理工、自然科學學科；理工、自然科學學生接觸一些人文社會學，這是目前最普遍的作法。

四、認為通識教育是全人教育、終身學習。

五、傾向生活性、實用性、娛樂性課程。好比寶石鑑定、插花、茶道。

六、以講座方式進行通識課程。（從略）

近十年來，香港的大專院校開設「通識教育」學科，列為大學教育體系中必要的一環，因應於此，香港的高中教育課程已納入「通識教育」。自二零一二年開始的第一屆香港中學文憑考試，通識教育科被列入四大必修科目之一，考生入讀大學必須至少考取最低門檻的「第二級」的成績。在可預見的將來，在高中教育課程中，通識教育的份量將會越來越重。

在互聯網技術蓬勃發展的大數據時代，搜索功能的巨大擴展使得手機、網絡閱讀、搜索成為最常使用的獲取知識的手段，但網上資訊氾濫，良莠不分，所提供的內容知識未經嚴格編審，有許多望文生義、張冠李戴及不嚴謹的錯誤資料，謬種流傳，誤人子弟，造成一種偽知識的「快餐式」文化。這種情況令人擔心。面對着人工智能技術的迅猛發展所導致的對傳統優秀文化內容傳教之退化，如何能繼續將中國文化的人文精神薪火傳承？培育讀書習慣不啻是最好的一種文化訓練。

有感於此，我們認為應該及時為香港教育的這一未來發展趨勢做一套有益於中、大學生的「通識教育」叢書，針對學生或自學者知識過於狹窄、為應試而學習的不良傾向去編選一套「博雅文叢」。錢穆先生曾主張：要讀經典。他在一次演講中還指出：「此時的讀書，是各人自願的，不必硬求記得，也不為應考試，亦不是為着做學問專家或是寫博士論文，這是極輕鬆自由的，正如孔子所言：『默而識之』便得。」我們希望這套叢書能藉此向香港的莘莘學子們提倡深度閱讀，擴大文史知識，博學強聞，以春風化雨、潤物無聲的形式為求學青年培育人文知識的養份。

本編委會從上述六個有關通識教育的範疇中，以第一條作為選擇的方向，以第二條的芝加哥大學認定的「通識應該全部讀經典」作為本文叢的推廣形式，換言之，就是為初中、高中及大專院校的學生而選取的，讀者層面也兼顧自學青年及想繼續進修的社會人士，向他們推薦人文學科的經典之作，以便高中生未雨綢繆，入讀大學後可順利與通識教育科目接軌。

這套文叢將邀請在香港教學第一線的老師、相關專家及學者，組成編輯委員會，分類包括中外古今的文學、藝術等人文學科，而且邀請了一批受過學術訓練的中、大學老師為每本書撰寫「導讀」及做一些補註。雖作為學生的課餘閱讀之作，但期冀能以此薰陶、培育、提高學生的人文素養，全面發展，同時，也可作為成年人終身學習、補充新舊知識的有益讀物。

本叢書多是一代大家的經典著作，在還屬於手抄的著述年代裏，每個字都是經過作者精琢細磨之後所揀選的。為尊重作者寫作習慣和遣詞風格、尊重語言文字自身發展流變的規律，給讀者們提供一種可靠的版本，本叢書對於已經經典化的作品不進行現代漢語的規範化處理，提請讀者特別注意。

「博雅文叢」編輯委員會

二零一九年四月修訂

目錄

導讀

中國美育宗師的貢獻

《簡明哲學綱要》編錄近代著名教育家蔡元培先生（一八六八年一月十一日—一九四零年三月五日）不同時期的十六題重要文章，分為「哲學大綱」、「美學」和「美育」三部份，共約十五萬字。它看是小冊子，卻熔鑄了蔡先生對哲學、美學與美育的關注和識見，有志於鑽研這三方面學問的實質及發展的讀者，諒可從中得益。

一

蔡先生字鶴卿，號孑民。生於浙江紹興。十七歲考得秀才，後連續中舉人、取進士、點翰林、授編修。而立之年，棄官從教。一九零五年參加同盟會。一九零七年赴德國萊比錫大學攻讀哲學、心理學、美術史等。一九一二年一月，就任南京臨時政府教育總長，七月辭職。同年九月再赴德、法等國學習、考察。一九一五年後與友在法國組織勤工儉學會、華法教育會，提倡勤工儉學。一九一六年回國，翌年任北京大學校長。一九二一年，法國里昂大學、美國紐約大學，分別授予他文學、法學榮譽博士學位。一九二七年，身任國民黨中央、國民政府要職，但仍一直注重教育與文化：倡立全國最高學術教育行政機關大學院並任院長；專任國立中央研究院院長；就故宮博物院理事長、北平圖書館館長職等。晚年，為抗日救亡、國共合作奔波。七十二歲病逝香港。近人整理其文字著述，編成全集七卷存世，共二百六十二餘萬字。

作為二十世紀初中國教育制度的始創者，蔡氏明確提出廢止忠君、尊孔、尚公、尚武、尚實的封建教育宗旨，主張實行「五育」（軍國民教育、實利主義教育、公民道德教育、世界觀教育、美感教育）並舉的教育方針，也很重視勞動教育、平民教育和女子教育。自此，中國才有較完整的現代教育思想體系和教育制度。他尤重高等教育的實踐，以「思想自由，兼容並包」的主張主持北大，使之成為新文化運動發祥地，為中華民族保育了一批思想先進、才華出眾的學者。因上述種種，他贏得了「中國現代教育之父」的美譽。

二

「哲學大綱」包括四題文章，簡要介紹了古今中外哲學思想、哲學發展史、哲學研究方法和以孔子為代表的儒家宗師的精神生活。

縱觀作者一生文字，關涉哲學的內容佔最大宗，其中主要是譯述。早歲集中於倫理學的介紹，中晚年則注重西方（如《簡易哲學綱要》）和中國（如《五十年來中國之哲學》）哲學的闡釋，即令垂暮之年耽於美學時，也仍熱情撰寫《怎樣研究哲學》一文，披載於青年刊物之上。所以如此鑽研不輟，是因他深感中國的全面落後與學術（如哲學）羸弱大有關係，而欲除弊振興，亟須學習西方先進學術成果，向彼邦同行汲取營養，廣採眾說，拒絕僵化，融會貫通，獨創己見；同時，借鑑西洋與印度哲學，悉力整理國故，通過「文藝復興」運動（見《五十年來中國之哲學》），鍛造中西合璧的新文化，如此雙管齊下，夯實基礎，方可致之。我們閱讀這一部份內容，首先應認識如斯。

其次，在廣泛接觸西方哲學思想過程中，蔡氏深受德國哲學家（尤其是康德）影響。他幾乎無保留地接受了康德有關「現象世界」與「實體世界」的思想，認為教育者，乃「立於現象世界，而有事於實體世界者也」（見《對於教育方針之意見》）；在幾十年的教育生涯中，他倡導「教育獨立」、美感教育與心靈陶冶，追求「完全之人格」，都以此為理念根基。

再者，在一九二五年八月出版的《簡易哲學綱要》「自序」中，他告誡：「初學哲學的人，最忌的是先存成見，以為某事某事，早已不成問題了。又最忌的是知道了一派的學說，就奉為金科玉律，以為甚麼問題，都可照他的說法去解決；其餘的學說，都可置之不顧了。入門的時候，要先知道前人所提出的，已經有哪幾個問題？要知道前人的各種解答，還有疑點在哪裏？自己應該怎樣解答它？」並坦言，他縷述哲學的定義、沿革、部類與關乎認識、原理、價值三大問題的這本《綱要》，「大半是提出問題與提出答案中疑點的，或者不至引人到獨斷論上去」。字裏行間針砭因循盲從、脱離實際、孤判專斷之意顯豁，啟迪了獨立思考、實事求是、與時俱進（這四字源自蔡氏一九一零年初所著《中國倫理學史》）的學風，讓後來者明白：唯積極動腦，智排惑難，人類才有進境。何等的世紀遠見！

這一部份末了，舉儒家代表人物孔子，認為「抽象的提出他精神生活的概略，以智、仁、勇為範圍，無宗教的迷信而有音樂的陶養，這是完全可以為師法的」，重視榜樣的力量，楬櫫學哲學須落實到育人的旨意，不啻卒篇見志，用心之誠，殊可感人，影響深遠。

三

「美學」收文五題，着重從美學的進化、研究法、趨向和對象入手，闡述蔡氏的美學觀點。

美，在生活中無處不在；美，是哲學繞不開的關注對象。蔡氏對哲學的醉心，一開始就伴隨着對美的興趣。上世紀初負笈德國萊比錫大學時，受業於哲學家馮德和與馮德學派相近的教育學家摩曼，後者把心理學的實驗方法應用到教育學及美學上，遂令其美學認知加深、教育理念得現芻形。二十年代初，他在《北京大學日刊》或北京大學、北京高等師範學校講堂上發表過諸如《美學的進化》、《美學的研究法》、《美學講稿》、《美學的趨向》、《美學的對象》等不少有關美學的文章和講話。其中，有些以西方人類學探討藝術與審美起源，以聲音與心理、視覺與聽覺的關聯探討中國藝術古籍《樂記》《考工記·梓人》審美規律的篇頁偏於學術；餘則大多是對以康德美學觀為中心的西方美學理論的轉介，雖偶有蔡氏個人見解，卻不成嚴謹系統，某些方面又顯得浮泛。研究美學，他力之所致主要不在務「虛」（構築理論），而在務「實」（普及知識，淨化社會）。換言之，似乎都是在為使美育深入社稷人心做着墊基鋪路工作。從這個意義上評估其美學研究與實踐的關係，方能把握、理解他研治美學的主要傾向實在在於「入世」。有論者指出，在美學理論的研究或某些實踐方面，儘管同時代人王國維、魯迅等人不無建樹，王國維的理論成就甚或更為顯著；然而王、魯等人的實際社會影響，畢竟不足以與蔡氏相頡頏。論推動美育用力之宏大、之深廣、之久遠，他堪稱中國近代美育第一人。

四

「美育」蒐集六題文章和一篇訪談錄，論述了美術的進化、美育與人生和以美育代宗教的思想，彰顯了蔡氏美育主張的核心。

早在上世紀伊始，那時，中國知識界正反思和探索國民性問題，蔡氏美育主張即已初露端倪，一九零零年三月撰《夫婦公約》二十五項，有些內容幾與一九二二年六月的《美育實施的方法》相同。一九一二年自稱，美育者，留學德國時有極深印象，故面對當時人心疲憊，社會動亂，首次將美育正式列入教育方針，以期重塑「合於近代文明標準的完美國民性」。一九一七年就任北京大學校長，在神州學會演說，即明確提出「以美育代宗教」。一九一九年五四新文化運動發生，大聲疾呼「文化運動不要忘了美育」。一九三八年五月二十日，在香港聖約翰大禮堂，出席保衛中國大同盟及香港國防醫藥籌賑會舉辦的美術品展覽會開幕禮時，發表演說：「全民抗喊，必使人人有寧靜的頭腦與剛毅的意志，而美術上優雅之美與崇高之美足以養成之。又抗戰期間最需要同情心，而美學上感情移入作用，足以養成同情心。」一九四零年三月五日，在港彌留之際，遺言：美育救國、科學救國。

在他看來，人類文化活動的兩支點是科學與美育。科學，太偏於概念、分析和機械的作用；求科學知識之外，應兼養感情，兼治美術，即了解廣義的文學、藝術，如此「兩翼」並行不悖，則人心與社會之美化富足，未來完美中國之實現方可期待。當年，梁啟超在上海美術專科學校講演，也以《美術與生活》為題，相與呼應。

然而，那時代要實現這一願望，客觀條件（特別是全社會的教育水平）畢竟尚未完備，終於連蔡氏本身也不無遺憾地承認：「結果無非是紙上空談。」

而在主觀方面，蔡先生在美學理論上的單薄，也使他在提倡美育時常常論據不夠充份，不易普及。「以美育代宗教」的提出，固然因見「美育是自由的，而宗教是強制的；美育是進步的，而宗教是保守的；美育是普及的，而宗教是有界的」（見

《以美育代宗教》），卻也受留德時親睹美育取替宗教的啟迪。此說自發端至成「遺囑」三十餘年間，雖反覆重申、強調，然僅藉重西方美學理論，忽視細密現實的理論再創造，社會的接受程度，畢竟未如人意。這在很大程度上限制了美育的社會普及進程。

但由於蔡氏等人的大力提倡和國人的實踐，美育畢竟逐步有了地位和花果。一九三一年，他發表《二十五年來中國之美育》時，竟已能縷述當時中國的各種美育設施，如：美術學校、博物院、展覽會、攝影術、美術品印本、音樂學校、演奏會、音樂雜誌、新文學作品、文學期刊、演劇的改良、影戲、留聲機與無線電播音機、公園等，而美育也漸成國人希望的指標，與德智體群四端匯為「五育」，向新和完美的方面行進。其作為「哲學信仰」，遂潤物細無聲地融入了生活；其先驅蔡先生，也作為「現代哲人」，在國人心目中永放光芒。

邊瑋慧

邊瑋慧，教育工作者。現居香港。

第一部份　哲學大綱

簡易哲學綱要[1]

自序

哲學是人類思想的產物，思想起於懷疑，因懷疑而求解答，所以有種種假定的學說。普通人都有懷疑的時候，但往往聽到一種說明，就深信不疑，算是已經解決了。一經哲學家考察，覺得普通人所認為業經解決的，其中還大有疑點；於是提出種種問題來，再求解答。要是這些哲學家有了各種解答了，他們的信徒認為不成問題了；然而又有些哲學家看出其中又大有疑點，又提出種種問題來，又求解答。有從前以為不成問題而後來成為問題的；有從前以為是簡單問題而後來成為複雜問題的。初以為解答愈多，問題愈少，那知道問題反隨解答而增加。幾千年來，這樣的遞推下來，所以有今日哲學界的狀況。從今以後，又照樣的遞推下去，又不知道要發展到怎樣？這一半是要歸功於文化漸進的成效；一半要歸功於大哲學家的天才。我們初學哲學的人，最忌的是先存成見，以為某事某事，早已不成問題了。又最忌的是知道了一派的學説，就奉為金科玉律，以為甚麼問題，都可照他的説法去解決，其餘的學説，都可置之不顧了。入門的時候，要先知道前人所提出的，已經有那幾個問題？要知道前人的各種解答，還有疑點在那裏？自己應該怎樣解答他？這一本書，大半是提出問題與提出答案中疑點的，或者不至引人到獨斷論上去。

蔡元培

中華民國十三年三月十五日

目錄

凡例

- 是書除緒論及結論外，多取材於德國文得而班[2]的《哲學入門》（W. Windelband: *Einleitung in die Philosophie*）。文氏之書，出版於一九一四年及一九二零年。再版時稍有改訂。日本宮本和吉氏[3]所編的《哲學概論》，於大正五年出版的，就是文氏書的節譯本。這兩本都可作為本書的參考品。
- 讀哲學綱要，不可不參看哲學史。國文的西洋哲學史，現在還止有瞿世英君所譯美國顧西曼的一本，所以本書音譯的固有名，凡瞿譯本所有的，差不多都沿用了。有音譯檢對表，附在書後。

第一编　緒論

（一）哲學的定義

哲學是希臘文 philosophia 的譯語。這個字是合 philos 和 sophia 而成的，philos 是愛，sophia 是智，合起來是愛智的意思。所以哲學家並不自以為智者，而僅僅自居於求智者。他們所求的智，又不是限於一物一事的知識，而是普遍的。若要尋一個我國用過的名詞，以「道學」為最合。《韓非子．解老》篇說：「凡物之有形者，易裁也，易割也。何以論之？有形則有短長，有短長則有小大，有小大則有方圓，有方圓則有堅脆，有堅脆則有輕重，有輕重則有白黑。短長、大小、方圓、堅脆、輕重、白黑之謂理。」又說：「凡理者，方圓、短長、粗靡、堅脆之分也；故理定而後可道也。理定，有存亡，有死生，有盛衰。夫物之一存一亡，乍死乍生，初盛而後衰者，不可謂常。惟夫與天地之剖判也具生，至天地之消散也不死不衰者謂常。而常者，無攸易，無定理。無定理非在於常所，是以不可道也。聖人觀其玄虛，用其周行，強字之曰道。」又說：「萬物各異理而道盡。稽萬物之理。」「理者，成物之文也；道者，萬物之所以成也。」他所說的理，是有長廣厚可以度，有輕重可以權，有堅度感到膚覺，有光與色感到視覺，而且有存亡死生盛衰的變遷可以記述。這不但是屬於數學、物理學、化學、天文學、地質學等的無機物，而且屬於生物學的有機物，也在其內；並且有事實可求、有統計可考的社會科學，或名作文化科學的，也在其內。所以理學可以包括一切科學的內容。至於他所說的道，是「盡稽萬理」，「所以成萬物」的，就是把各種科學所求出來的公例，從新考核一番，去掉他們互相衝突的缺點，串成統一的原理。這正是哲學的任務。他又說是「不死不衰」的，這就是「無窮」「不滅」的境界，正是哲學所求的對象。他又說：「聖人執其玄虛，用其周行」，哲學理論方面所求的是「形而上」，是「絕對」，所以說是「玄虛」。他的實際方面是一切善與美的價值所取決，所以說是「周行」。所以他所說的道，是哲學的內容。但是宋以後，道學、理學，名異實同，還不如用哲學的譯名，容易了解。

（二）哲學的沿革

最早的哲學，寄託在神話裏面。我們古代的神話，要解說天地萬物生的原因，就說是有一個盤古，開闢天地；死後，骨為山嶽，血為河海，眼為日月，毛髮為草木，身之諸蟲為動物。要解說民族中有體力智力俊異的少數人，就說是上帝感生的。印度人說梵天產生一切，希伯來人說上帝創世，都是這一類。後來有一類人，在人事上有一點經驗，要借神話的力量來約束人，所以摩西說在西乃山受十誡；我們的古書也說天命有德，天討有罪。這些話，是用宗教寄託哲學，來替代神話的時代。這時候的宗教家，是一切知識行為的總管。但看我們自算學、天文學、醫學以至神仙、方技與道家的哲學，都是推原黃帝；印度的祭司、學者、詩人，均屬於婆羅門一階級，就可證明。但是宗教以信仰為主，他所憑為信仰的傳說，不但不許人反對，並且不許人質問。然而這些傳說，雖說是上帝或天使所給，這不過一種神道設教的託詞，或是積思以後的幻相。如《管子》所說「思之思之，鬼神通之」，及後世文人所說「若有神助」之類，實際上是幾個較為智慧的人憑着少數經驗與個人思索構造出來的，怎麼能長久的範圍多數人心境，叫他不敢跳出去呢？所以宗教盛行以後，一定有人懷疑。懷疑了，就憑着較多的經驗，較深的思索，來別出一種解說。這就是哲學的起原。哲學是從懷疑起來的，所以哲學家所得的解說，決不禁人懷疑。而同時懷疑的，也決不止他一人，就各有各的解說。我們自老子首先開放，便有孔、墨等不同的學說接踵而起。希臘自泰利士[4]創說萬物原素，就有安納西門特[5]、安納西米尼斯[6]等不同的學說接踵而起。這就可以看出哲學與宗教不同的要點。但哲學的性質雖與宗教不同，而在科學沒有成立的時代，他也有包辦一切知識（關於行為的知識，也在其內）的任務。他的範圍，竟與宗教相等。所以哲學常常與宗教相參雜。老子的學說，被神仙家利用而為道教；孔子的學說，被董仲舒等利用而為儒教。希臘柏拉圖[7]學說被基督教利用而為近於宗教的新派；亞利士多德[8]學說在歐洲中古時代，完全隸屬於基督教麾下。這全是因為科學沒有發展的緣故。

歐洲的哲學，託始於希臘人。希臘人是最愛自然、最尚自由的民族。所以泰利士的哲學，就注意於宇宙觀，而主萬物皆原於水說。其後安納西門特即改為無定質說。安納西米尼斯又改為出於氣說。而畢泰哥拉[9]又主萬有皆數說。希拉克里泰[10]主萬有皆出於火說。恩比多立[11]主火、氣、水、土四原素說。安納撒哥拉斯[12]又說以無數性質不同的原素。看出他們的注意點全在自然界，而且各有各的見解，決不為一先生之說所限定。後來經過哲人派[13]與蘇格拉底[14]、柏拉圖等切近人事的哲學，但一到亞利士多德，就因旅行上隨地考察的結果，遂於道德、政治、文學，玄學諸問題外，建設論理學，而且博涉物理、動物、植物學等問題。雖在經院哲學時代，亞氏所建設的科學，仍為教會所利用；然文藝中興以後，歐人愛好自然的興會，重行恢復，遂因考察、試驗的功效，而各種包含於哲學的問題，漸漸自成為一種系統的知識，而建設為實證的科學。其初是自然科學，後又應用自然科學的方法於社會科學，而社會學、經濟學、心理學等，均脫離哲學而成為獨立的科學；近且教育學、美學等亦有根據實證的方法，而建設科學的傾向。一方面，科學家所求出的方法與公例，都可以作哲學的旁證；一方面又因哲學的範圍，逐漸減小，哲學家的研究，特別專精，遂得逐漸深密。所以歐洲哲學的進步，得科學的助力不少。我們古代哲學家，用天、地、水、火、雷、風、山、澤八科卦象，說明萬有；後來又有用水、火、木、金、土五行的一說。並非不注意於自然現象。但自五行說戰勝八卦說以後，就統宰一切，用以說明天文，說明災異，說明病理藥物，說明政制，說明道德，遂不覺得有別種新說的必要。最早的哲學家老子，是專從玄學的原理，應用到人事。孔子雖號為博物，然而教人的學問，止有德行、政治、言語、文學等科；農圃等術，自稱不如老農、老圃；讀詩，又但言「多識鳥獸草木之名」，可以看出對於自然界的淡漠。止有墨子，於講兼愛、尚賢以外，尚有關乎力學、光學的說明，或可推為我國的亞利士多德。然自孔學獨尊以後，墨學中斷。雖在五代時尚有墨子化金術的假託，但並不能有功於學術。因為孔學淡漠自然的關係，所以漢以後學者從沒有建設科學的志願。陸、王一派，偏於惟心主義，陽明至有格竹七日而病之說，固不待言。朱考亭一派，以即物窮理說格物，對於自然現象及動植物等，也曾多方的試為解說，而終沒有引入科學的門徑。在歐洲因有古代煉金術而演成化學；我國也有《淮南子》、《抱樸子》等煉丹術，而沒有產出化學的機會，歐洲因有醫藥術，而產出生理、地質、植物、動物等學；我國也有《銅人圖》、《本草》等，而沒有產出生理、生物等學的機會。所以我國的哲學，沒有科學作前提，永遠以「聖言量」為標準，而不能出煩瑣哲學的範圍。我們現在要說哲學綱要，不能不完全採用歐洲學說。

（三）哲學的部類

哲學與科學，不是對待的，而是演進的。起初由哲學家發出假定的理論，再用觀察試驗或統計來考核他；考核之後，果然到處可通，然後定為公例。一層一層的公例，依着系統編制起來，就是科學。但是科學的對象，還有觀察試驗或統計所無從着手，而人的思想又不能不到的，於是又演出假定的理論。這就是科學的哲學。例如數學的哲學（共學社譯有羅素[15]《算理哲學》）、物理的哲學（牛頓[16]與安斯坦[17]的著作等）、生物學的哲學（達爾文[18]、海克爾[19]著作等）、法律哲學、宗教哲學等。再進一步，不以一科學為限，舉一切自然科學的理論，貫串起來。這是自然哲學（Naturphilosophie，例如 Schaller, *Geschichte der Naturphilosophie von Bacon bis auf unsere zeit;* Oswald, *Vorlesungen über Naturphilosophie* 等）。再進一步，舉自然科學與其他一切科學的理論統統貫串起來，如孔德[20]的《實證哲學》（*Philosophie de Positive*）、斯賓塞爾[21]之《綜合哲學原理》（*A System of Synthesis Philosophy*）等，就是守定這個範圍的。但是人類自有一種超乎實證的世界觀與人生觀的要求，不能對實證哲學而感為滿足。又人類自有對於不可知而試為可知的要求，不能對不可知論而感為滿足。於是更進一步為形而上學，即玄學（Mataphysik）。古代的玄學，是包含科學的對象，一切用演繹法來武斷的。現代的玄學，是把可以歸納而得的學理都讓給科學了。又根據這些歸納而得的學理，更進一步，到不能用歸納法的境界，用思索求出理論來；而所求出的理論，若演繹到實證界的對象，還是要與科學家所得的公理，不相衝突的。厲希脱[22]説：「正確的判斷，在思索與經驗相應。」就是此意。所以專治一科學的人，説玄學為無用，不過自表他沒有特別求智的慾望，可以聽其自由。若是研究玄學的人，説玄學與科學可以不生關係，就不是現代玄學家的態度。

（四）哲學綱要的範圍

特殊科學的哲學與自然哲學，都是綜合哲學的一部份。我們現在要講的，是合綜合哲學與玄學兩級而成。我們可以分作三部份來研究：一是專為真理而研究，大抵偏於世界觀方面，名為理論的哲學，就是原理問題。一是為應用而研究，大抵偏於人生觀方面，名為實際的哲學，就是價值問題。而對於此等所知各方面的研求是否確當，先要看能知一方面能力與方法是否可靠，所以不能不先考認識問題。

第二編　認識問題

（一）認識的起原

古來大思想家思考的結果，每與眾人的常識不同，因而有知識與意見相反的結論。希臘哲學家於學問發達的初期，已經把理性、理想（理性的思維）、知覺作為相對立的。最彰明的，是柏拉圖所説的想起。他説觀念的觀照，是超乎體魄的實在，而就是一種知覺。這種知覺是超世界的，與肉體的知覺根本上不同。希臘哲學家的心理説，常常以知性為受動性，有容受、感受等作用。當着他受取或映照真理的時候，精神上如能免掉一切固有活動的擾亂與牽掣，就可為認識本體的標準了。

這種心理説，正與素樸超絕論以模寫説為真理概念的標準相合。然而他們有一部份，已把知覺概念修正了。他們雖然説心如蠟板，受外界各種印象以為知覺；然而照他們習用的把握、感知等語看起來，知覺的認識，自有意識上一種能動性，不容放過的。且古代哲人派的學説，已以一切知覺為由客觀而之主觀，又由主觀而之客觀之兩種運動所成立。這就容易看出來，知覺是屬於對象的影響，而精神上即有一種相應的反動。思維是屬於精神的自動，而對象能予以發展的機緣。於是乎發生一種問題，就是我們的知識，是從外界來的，還是從自己的精神上發生的？

這個問題的答案，或主張一切知識、都由外界的經驗得來的，這是經驗論。或主張一切由理性的思維起來的，這是惟理論。自近世哲學最初的世紀培根[23]、笛卡兒[24]以至十八世紀末年的哲學運動，完全為經驗論與惟理論爭辨所充塞。其間導入認識論於近世哲學的，是洛克[25]的學說。他承認經驗有兩種源頭，一在內，一在外；一是反省自身作用而得的，一是用感官接觸外界而得的。而他卻排斥惟理論的「本有觀念」說。用兩種論調：一是說若觀念是心的本質，就應凡人一樣，然而不合於多數人意識活動的狀況。一是說既視心的概念為意識為同一，即不容有無意識的本有觀念存在。然而經驗論亦不能不承認知覺所與的材料，待加工而後為認識。所以洛克也以為感官內容的發展，與內界知覺的被意識，均不可不借助於心的作用及能力。他對於認識上合理的要素，固已承認了。而他的後繼者一部份，又以為內界知覺的發展，也不可不有外界知覺的預想，因而力主認識內容專屬於外的知覺。若是把洛克所歸功於心力的，都視為外的知覺所給予，那就轉經驗論而為感覺論，把一切認識內容，都認為發生於官能了。這種感覺論，是因意識內諸要素的並存，而演繹為認識上諸要素間所生的一切關係。無論何等關係，凡在諸要素間所能行與當行的，都是依屬於要素的。果然，就不能不遭一種批難，例如最簡單的關係，如比較、區別等，決不能從單個的或總數的要素上求出，而多分是特別新加的。

反對經驗論的惟理論，欲以所受材料的綜合、加工之關係，悉歸諸精神作用，而且即以綜合的形式為原始認識，即本有觀念。文藝中興時代的新柏拉圖派與笛卡兒派均有此傾向。笛卡兒的哲學，本以本有觀念為論理上直接自明的真理。而他的後繼者卻認為心理上發生的。於是意識的表象，不視為現實的，被予的，而認為潛在的，如來勃尼茲[26]《人知新論》(*Nouveaux Essais*) 所證明的「無意識的可能性」是了。於是經驗論與惟理論，因兩方間爭點漸消，而互相接近。經驗論者承認知覺材料，不能不有待於心力的加工，而後成為經驗。惟理論者也承認關係形式，固然根於理性，而不能不以知覺為內容。來勃尼茲取近世經驗論所反覆聲明「既不存於感官的，決不存於知力」的成語；而加以「但知力自身除外」的但書，是說明他們結合之樞紐的。

心理上相反對的經驗論與惟理論，若用論理的意義來考核他們相反的根柢，就容易明瞭。經驗論所主張的，一切知識都從各別的經驗得來，而惟理論所主張的，在從本原的普遍命題上求一切認識的根原。然我們的知識，決不止各別的經驗，而絕無經驗的普遍性，也是難以建設的。人類的認識，常常由各別與普遍的互相錯綜。在論理上，由各別的而升到普遍的，是後天論，是經驗論所注重的。由普遍的而降到各別的，是先驗論，是惟理論所注重的。經驗論雖反對絕對的先驗論，而不妨承認相對的先驗論，因為彼既由特別的而求得普遍原則，那麼就說先驗的普遍原則，可以演繹到各別問題，也有可承認的理由。惟理論既由普遍的而進向各別的認識，則對於各別經驗的要素，更不能不顧，尤為顯然。

這樣看來，經驗論與惟理論的互相反對，都是從心象發生的一點來解釋認識問題，都沒有甚麼結果。有一個很明白的比例，我們若要定一種判決的是非，決不能但問這個判決是怎樣來的。憑着心象發生的手續，決不足以判定這表象是否真理。心理主義偏重於心象成立的原因，實是幼稚的見解。自康德[27]以後，在認識論上，不是判斷作用生起的問題，而是判斷論證的問題。不必隨心理的法則而求事實關係，乃隨論理的規範而求價值關係。不是認識的起原問題，而是認識的適當問題了。

（二）認識的適當

適當一語（Gelten），自洛采[28]始用在認識論上。而從此以來，在現代論理學，特為重要。這個真理上的適當，與經驗的意識無關。無論經驗的主觀認為真理與否，均可不顧，而有絕對的意義。譬如數學的真理，就在沒有一個人想到以前，原是適當，就是有人誤認為不合，也還是適當。這叫做自身適當，為現代論理學的主要問題。而適當與實在的關係，也因而密切。因為一切學問的思維，其最後問題，即在意識與實在的關係。真理的價值，須看意識與實在有何等關係而成立，而發見這種關係的，就是認識論的任務。所以在認識論上，要論認識，就同時不能不論實在。

應用於意識與實在間之範疇有多種，於是對此問題的解釋，也有多種。有一種根本範疇，就是對於其他一切範疇與以一程度的標準者，就是「相等」的範疇。意識與實在雖互相對待，而內容可以相等。但有一種素樸實在論，所要求的實在概念，是在意識上模寫「他實在」；所謂「他實在」者，不過是包圍意識之物質的實在。這種不待考察與批判而就確定概念的，依康德的學說，名為認識論上的獨斷論。獨斷論有二：一是以世界為不外乎我們的知覺，是知覺的獨斷論（是即產生素樸實在論的世界觀的）。一是以世界為不外乎我們概念的思維，是概念的獨斷論。自認識問題起，而兩種獨斷論都不能不動搖。因動搖而懷疑，因懷疑而研究，這是認識論初起時不能脫的階段。停滯於懷疑的階段，而不認研究的結果為可能的，是懷疑論。在「前科學」的思想上已有一種素樸懷疑論，常對於人類本質的有限與認識的有涯而抱憾。他所指的界限，全屬於量的。就是我們的知識，凡是關乎體驗的，總被拘於短小的時空以內。這種素樸懷疑論，固然與主張經驗的知識者有相同處，而不同的一點，就是學問的認識，在於問題的可以解答，而懷疑論考察的結果，則不外乎否定。彼不認一切認識的存在，誠為極端懷疑論的短處；然而懷疑的思想，實為確立世界觀時必然的經過點；而具一部份可以除最初的素樸見解，而立根柢的確信。

凡關於一事的解答，正負兩種主張，勢力相等，而不能為最後決定時，即成立問題的懷疑論，也名作問題論。由問題論的立足點出發，就有種種謹慎而不妄決的思想形式。理論上主張論據與反對論據均可採擇的時候，意志常取需要希望傾向的態度，以助他最後的決定。於是因要求而成立臆測。這種要求，可以有各方面的，或屬於個人，或屬於團體，或屬於理性。這種實際的決定，雖可以救懷疑的不快，而頗有陷於誤謬的危險。這種危險，在人生實際上不能不決定取捨的時候，原為可恕，而決不可即以此實際的決定為認識。

哲學問題，覺得完全確實的解釋，竟不可能；而又覺得一方面的解釋，比其他方面確實的程度，較多一點，暫行採取，這是取蓋然性的途徑的，就名作蓋然論（Probabilismus）。近世休謨[29]的哲學，屬於此類。

問題論的通性，是對於知識與實在的關係，不敢決定為「相等」。然最易傾向於「不相等」的主張。蓋「不相等」雖若與「相等」為同一不易證明的程度，而心理的必然性（非論理的），對於「相等」的疑，最易轉為對於「不相等」的信。此外助成「不相等」的意見尚有一端，就是常識上覺得自己意識與其他實在迥不相等，因而想人類知識，完全從毫無關係的「他實在」而來，而且所得的並不是實在的模寫，而便是實在，這名作惟相論（Phänomenalismus）。惟相論的背景，還有素樸的超絕真理概念。因為以人類知識為不過現象的主張，實由有人類知力不能把捉本質的前提附屬在內了。

惟相論的建設，也因知覺與概念的區別而演為兩種：一是感覺的惟相論，以感覺的知識之內容為真。而以概念為不過表象或名義。其適當的範圍，以意識為限。這種見解，由素樸實在論的常識，演而為中古時代的惟名論；又演而為近代的惟物論。一是合理的惟相論，是說一切感覺的表象，不過在意識中為實在的表象與現象，而實在就是概念。合理的惟相論，又分為兩種形式：一是數學的，是一種自然科學的理論。他說事物的性質，都不過現象。惟有數量可計的性質，才是適當於真的。這種理論，隨時代進行，漸以因果的範疇代相等的範疇；而以表象為實物及於意識的影響。意識內的表象，不是模寫實在而是代表，猶如各種記號，代表他所記號的，所以也名作記號說。此說在古代以伊壁鳩魯[30]派為主；中古時代有屋斡[31]與名目論的論理學；近代有洛克與康地拉[32]等繼起；而最近的自然科學者用以建設哲學原理，以漢末呵茲[33]為代表為最著。其他一派是本體論的形式，以概念的玄學為立足點。近於柏拉圖的觀念論。又如來勃尼茲的單原論，海巴脫[34]的實在論。他說感覺世界全體，無論其性質是屬於量的，或屬於質的，或屬於時間性及空間性的，都是「非物質的」或「超物質的」實體的現象。這種惟相論尤注重於意識內面的性質。以內外兩種經驗，在惟相論上，本不過同等的。在哲學史上常有由惟相論而轉入惟心論玄學的。凡為一物而有所現，不但所為現的本體當然存在，就是所現的相，也不能不認為存在，這就是意識。這樣，內的經驗，一定比外的經驗重要。外的經驗，不過內的知覺全部以內的一部。意識與其各各狀態，是原始的無疑的認為實在。於這個前提以下，對於外界的實在，經多少不確的推論，而始認為可信。於是認定一種意識的根本性質，或為智性，或為意志，作為適當於事物之真的本體；而外界全體，不過構成他的現象就是了。內經驗的偏重，是一切新的玄學與認識論上很可注意的事實。

以內生活為重於物質的實在，於是在意識與物質的實在之間，不得不求一別種範疇而認內屬的範疇（Inharenz）為適當。這種惟相論的玄學，以意識為實體；而意識的狀態與活動，就是由外界的實在還元而來的觀念與表象。這種現象的形式名為理論的惟我論（Theoritische Egoismus）。

以上各種理論，都是以假定精神與物質互相反對之舊觀念為基本，而以物質為現象，以精神為被現之本質的。要超出這種範圍，止有把精神與物質都看作現象；但這麼一來，他們的背後就止剩了一個沒有內容可規定而完全不可知的「物如」（Durgansich）了。這是絕對惟相論（Absolute Pbanomenalismus），後來也名作不可知論（Agnostizismus）。他所認為本質的「物如」，既不能用外界現象，也不能用內界現象，又不能用內外兩界相互的關係來理解他。所謂實在的現象，既分屬於這兩界而兩界間永遠互相關係的物質與精神，又說是同出於全不可知的「物如」，而不能加以說明。這樣的「物如」，並沒有解決一切問題的效用，不過假設的一種黑暗世界罷了。

現代又有絕對惟相論的一派，其動機在以「物如」的概念為不必要。他們以為本質與現象的關係，依原理本不好應用到實在與意識的關係上。意識與實在的關係，凡相等、因果、內屬等等根本範疇，均不適用；而所餘的止有「同一」的關係。就是一切實在都表現為意識；而一切意識，都是表現實在。這種意識一元論普通稱為內在哲學（Tmaneute Philosophie），最近也稱為新實在哲學（Neue Wirklichkeits-philosophie）。他是一種否定「物如」概念，不許於現象背後追求與現象相異的本質，而與實證論相近的哲學。然而這種哲學，既然有意識與實在為同一，對於知識的真偽，與他們價值的區別，要加以說明，是很難的。

照這樣看來，種種學說，不過程度的差別，對於真理概念，都不能確實的規定。因而認識問題，仍不能解決，不能不別開一條解決的道路，那就是康德的「認識對象」的新概念了。

（三）認識的對象

前述一切認識論的思想，都是以超絕的真理概念之素樸假定為前提，而以認識的意識與所認識的對象「實在」為互相對待的。無論在意識上取入這個對象，或於意識上模寫他，或以意識為記號而代表他，要不過以同一根本思想，由各別的形式而表現罷了。由這種根本思想而發展的各種學說，都注重在應用範疇以說明意識與實在的關係，而意識與其內容，一經玄學的區別以後，再要聯合起來，竟不可能。要脫去素樸的前提而確立自由的認識論，當採取批判的方法。

我們在一切知識上，常遇着作用與內容的根本區別。照意識的體驗，兩者實為不可分離的結合，因沒有全無內容的作用，也沒有全無形式的內容。但意識作用，得於各各內容生種種相異的關係；而別一方面在同一關係上，得分別保含種種不同的內容。以意識作用與意識內容作完全獨立的觀察，則不能不想為意識作用以外，有獨立於此作用以外的內容（如素樸實在論所用實在的概念，又如物如的概念）。而且不能不想此內容為非認識的關係而純為對象。雖然，與意識全然無關係的實在，決非可以存想的。因為一想實在就被認識，就仍為意識內容了。所以到底認識的對象，除意識內容以外，竟沒有可以表象的。

我們必須於素樸實在論的前提以外，把對象的概念，別行考定。這個概念，在康德的《純粹理性批判》中首先提出的。在意識自身，是由種種複雜的內容綜合起來的。由這個綜合而統一的意識對象始成立。此等被綜合的分子，本稍有獨立性而可以發展為表象的運動，而且此等分子，決非從統一中產生，而自為極大全量的實在之一部份。自彼等結合為統一的形式，而後成為意識的對象。因而對象不能在意識以外為實在，必在意識上內容各部份互相結合成統一的形式而後為實在。所以結局的問題，是在何等條件下，這種由複雜而合成統一的，始有認識的價值。因為我們所研究的，是人類的認識，所以我們的問題，是在何種條件下，這個在經驗的意識上，由複雜而合成統一的對象，於個人或人類的表象運動上，始有意義。有意義的對象，一定是結合的方法，完全由於客觀的要素自身，而對於一切個人之綜合的方法，可以為規範的。惟有看諸要素為要素自身客觀的關係，那才是人類概念上對象的認識。因而思維的對象性，是客觀的必然性。但是那一種要素是客觀的必然性的，這是由思維之經驗的運動而定的。認識的對象，照康德思想的傾向，在認識自身最初發生的，是「我們」自己。

在經驗的意識，一切由實在要素所結合的群，均由於個人自身經驗的自覺，而為實在之無限的全體之切斷面。無論是物的概念，都不過在全體實在中選出最少小的；而一切意識與認識的對象由各個組成的，無論有何等多式的關係，決沒有互相表象的。無論其為文明人成熟的意識，或科學概念，凡此等最高的理論意識，也決不能包括實在的全體。多式要素的綜合，就在人類的意識，所以人類的認識，不能不受限制。在知覺上所得，本不過經驗的意識所能感覺的一部份之選取。由知覺而概念，由概念而較高的概念，一切進行，無非割棄殊別的特徵，而維持共通的特徵。這種思維作用，論理學上名為抽象的。這種論證的結果，是由實在的不可忽視之多式中而取其有選擇之價值的。在概念上有着一種把世界單純化的作用，在人類有限的意識上，要支配自己的表象世界，算是惟一可能的方法了。

照這個意義，一般通用的，就是意識自身發生他的對象，又從實在的要素中發現內容，而形成自身的世界。我們愈見到這種認識就是實在的部份，而且是最有價值的部份，就愈知道認識自身不外乎諸要素的經過選擇與整理而綜合起來的。我們對於單純知覺，已經名為對象。這決不能獨立而為實在。我們的對象之成素，是由參入的諸要素與不能參入我們狹小意識範圍內的他種無數關係組成的。照這種情形，我們自身，就成對象。他就是實在，不是不可知的物如之可知的現象，而是實在的一部份。他也是實在，而決不能當實在全體。不但成素，就是結合此等成素而為對象的形式，也根於實在。這樣形式與內容，都屬於實在，而經我們的選擇與整理發生新狀態，只是這個我們生出對象的一點，是我們認識的真理所存。而認識中生出這種對象的動作，也是有實在價值的創造物之一了。

我們看認識的本質，為自宇宙無限豐富內容中，行選擇的綜合，而創造一特有的世界，以為意識的對象，自然要考察到本質實現的各種形式。最初可分為「前科學」的認識與科學的認識兩種。「前科學」的，是初步的素樸的認識活動，不過於無意識中產出的世界。到科學的認識，才是有意識的產出之對象，而這種產出的方式，又可分為由形式出發，與由內容出發之兩種。由這兩種而發生惟理的科學、與經驗的科學之區別；而前者比後者覺得由綜合而產出對象的特色，更為鮮明。屬於惟理的科學的，第一是數學。在數學上，不是由意識受領對象，而是有意從內部產出的。關係此點，數與空間形式同樣。經驗是構成算術的或幾何的概念之機緣，而此等概念，卻不是經驗的對象。數學的認識，於自然上有無與其內容相當的實物，毫無關係。於他的本質上，就直接指出認識的本質，因為無論其出於經驗的原因，或感覺的想像，苟其為有意規定的反省而一度產生對象。例如圓，如三角，如對數，如積分等等，則由此而進行的一切認識，不能不為這種自己產生出的對象所制約，而對象的真否，就依屬於對象之客觀的本質了。

數學以外，可認為惟理的科學的，是論理學。論理學之關係於思維的形式，正如數學之關係於直觀的形式。論理學的自產對象，與思維依屬於對象的關係，均與數學無異。我們對於數學的與論理學的形式之知識，所要求的適當，不但一度考察，而於科學概念確定以後，可以要求一切規範的意識之普遍的必然的承認，並且這等知識，對於事物全體的規定力，也認為適當。數與空間量的合法性，即代數與幾何學的認識，既為物理學所證明，而且存在於科學所敍述的自然法之內。至於論理的形式之適當，對於我們有實在意義的程度，在於我們的世界除完全由此形式規定的以外，無可表象的一點而已。這麼看來，數學與論理學，所有真的性質，並無區別；而兩者均以實在的形式為限，不能由此形式而對於我們的認識，演繹為實在內容的規定，亦互相類似。於是實在之理論的數學形式，與實在之由此等形式而獨立的內容，仍不能統一，而稽留於最後的二元性。要求統一，止有乞靈於普遍的實在之絕對的全體。而全體實在為我們所能求出的，不過科學的認識所特有之小部份而已。

經驗的科學，也用他的方式表示人類認識之選擇的特色。他與惟理科學的區別，在出發點不同；而經驗科學中，又因認識目的之不同而自生差別。經驗科學的一部份，以純論理的價值（即普遍性）為認識目的。普遍的論理價值，在求得物與事之類的概念就是類型或法則。此等類型或法則，所以對於一切特殊事物，有實在的適當，因為事物與其互相關係的總和，就是自然。這是與宇宙有根本關係的。有一種科學活動，與自然研究對待，而以理解特殊的個性為目的。特殊個性，缺少論理的根本價值之普遍性，他所以得為認識的目的，因為有一種內在的價值。這種價值，屬於人類所得的經驗與所產的成效，就是文化。文化為人類歷史的產品所結合，與自然的宇宙對待而為歷史的宇宙。在這個歷史的宇宙上，也是行普遍的合法性，也是全體實在的一部份，所以不能不受範於特殊隸屬普遍之根本關係。關於歷史的事變與歷史的產物之研究，並不是以異於自然科學之方法論的與原理的研究為目的，而在乎以歷史的連絡關係求價值的實現。因自然科學僅注意於普遍性之論理的價值，而歷史研究，遂含有別種價值的意義。然歷史研究上的價值，又不在乎對象的道德化，而在乎對象自身於科學上顯有價值的關係。所以古今一切事變，並不都是歷史，歷史之所以為文化科學的對象，是在無數事變中，把對於人生有重大價值的選擇出來，而構成一種對象。這種選出來的，決不是原來的事實，而是從方法論的研究上，構成渾然的對象。所以經驗科學乏自然的宇宙與歷史的宇宙，都是科學的思維之新構成體。所謂真理，並不在乎與心以外之實在物相等，而在乎內容之屬於絕對的實在，但又決非實在的全體，而特為人類知識上所窺見的一部份罷了。

科學經驗的方式，既然用自然研究與文化研究之目的而分類，就與馮德[35]所提出而現在最通行的自然科學與精神科學的分類法不相同了。自然科學與精神科學的分類，基於內外兩種經驗之心理的二元性，而實基於自然與精神對立的舊式玄學之二元性，照現代認識論的批判，這是無關於科學研究之對象的。現代認識論，由絕對實在之同一群中，取出以普遍的合法性為目的者，作為自然認識的對象；別一方面，就在取出以個性化的原理為目的者而形成歷史的對象。以上兩種分類法的不同，對於心理學，很有關係。現代形成心理學的任務，是由個人心理學的精神物理之基本研究，而達到社會心理學的複雜現象，歷史上分別研究的界限，早已破除。然在個人心理學與社會心理學的中間而對於一切補助科學為根本前提的，是內感官的認識，就是意識的自覺。所以照主要材料的本性上看來，心理學應從法則科學的意義而屬於自然研究。於文化科學中列入心理學，是按性格學的方法，而以對於單獨的事變，或類型的構造，要求出心意個性時為範圍。若照自然科學與精神科學的分類法，心理學僅能於精神科學方面保存狹隘的位置。人常說心理學是精神科學的基礎，因為各種精神科學尤是歷史科學，均是人類行為的過程而借以看出人類之意識的。然此等說明，於研究的事實上，沒有何等關係。科學的心理學，研究普遍法則到極點，於歷史研究上，也沒有何等關係。大歷史學家並不有待於今日精神物理學者的實驗與審問；彼所用的心理學，是日常生活上普通人的心情與人生經驗，與夫天才與詩人的洞察。以這種直覺的心理學構成科學，現在還沒有能達到的。

常有人想按着科學的內容分類，就覺得科學的對象，不是可以這樣單純的取出，而是由科學的概念作用構成的。所以科學的區分不能照純粹的科學對象，而止由科學的經驗。我們若照各科學的實際工作上分成各部份，又把他集成各類，決不是適應於論理的區別，而是隨各人的趣向，有傾向於自然科學的，就在類型與公則上注意；有傾向於歷史研究的，就在各別價值上注意；常常是互相交叉的。這種要素，最微妙的連絡，就在於特別價值上求出因果關係的機會。這種自然與文化研究的一致，就可以理會這兩種都是世界最後價值研究所實現之合法的過程了。

雖然，就全體而言，認識論於承認特殊科學的自律性以外，已不能再有何等較遠的進行了。在方法論上，人常常為尋求普遍法式以齊同一切特殊科學之意見所迷誤。要知道科學對象的差別，就是因為整理對象的方法不能不有差別。認識論中，既然了解這種對象由科學思維之選擇而生起，斷不至誤認真理概念的要素，對於特殊科學，可以按科學的本性而規定；而且這種方向，也是給人類對於世界的思想，有取得各種形態的生動性，而不至局促於一種抽象的模型了。

第三編　原理問題

認識是能知方面的問題，他的對面是所知問題。哲學的所知是普遍的原理。對於各種經驗而起「這究竟是甚麼」的疑問，是實在問題；又如起「這是甚麼樣出來的」的疑問，是生成問題；今分別討論如下。

（一）實在論

實在問題的起源，由於常識上雖即以經驗所得為實在，而學者研究的結果，不得不做定一種較真的實在，而以經驗所得的為現象，所以有真的實在與現象的實在之對立。這是對於實在概念作價值的區別，並不是以現象為虛無為假託，而視為第二次的實在，或第二種的實在，就是「單是現出來的實在」的意義。現今科學家以原子為真的實在，而我們知覺上的一切物象，均視為原子的現象，也是此意。

本質與現象的區別，起於哲學家在自己意識方面，發現思維與知覺的不同。彼以為哲學家任務在於知覺所給的現象以後，用理性的思想，求出真的實在，所以有後物理學（Methaphysik）的名詞，就是我們譯作玄學的。因此名物的本質為玄學的實在，而名現象為經驗的實在。後來又參入認識論的色彩，應用絕對與相對的範疇；以本質為本自實在的而名為絕對的實在，或即名為絕對；以現象為繫於真的實在而存立，所以名為相對的實在。

現象既不是真的實在，現象界所有的物，能不能看作實在呢？我們所名作「物」的，一定有甚麼性質，在甚麼地方，在甚麼時候，在常識看來，可算是我們意識以外獨立的實物。其實不過是我們的感官領受種種的刺激，而總合他們的性質於意識中，構成一個統一的觀念（現象）。這種統一的觀念，叫作「物」。物的區別，就在乎他們性質的區別。所以別一個時候，見有同一性質的，就認為同物；性質不同的，就認為異物了。但是這個假定，於經驗的實在上，覺得不合。我們常見一物，經若干時而性質有點改變，還是此物。又一方面，也常見完全同一性質的兩物（例如同一工廠所出同一號碼的縫針），所以物的自己同性的話，不是與他的「性質常同」相一致。有兩種印象相似而不能認為物的同一性；又有兩種印象相異而不能認為不是物的同一性。例如有兩個枱球，我們覺得是完全相等的。若把他們打碎了，覺得與從前的球完全是兩物了。這種在我們的實際知覺上，不過印象的等與不等罷了。所以不管印象的相似不相似，對於印象而想定為物的自己同一性，這純是我們概念的要求，為要深入事物而考察，所以作此理解事實的假定。怎麼樣可以證明這個要求，凡知覺在體驗的現象物裏面，果有實際同一物存在麼？我們試取一片白堊而把他們打碎了。他本來有一種性質，可以與他物區別的。現在分一片為數片，並沒有性質上的區別，不過形與量的區別。然而一物已成為數物了，這對於我們所期待的同一性甚麼樣？反過來，如有許多鉛屑，本不是一物，若加熱而溶成鉛塊，形與量又成為一物了。又如望遠叢林，渾成一體，近看起來，是樹的集合。這種樹，一看似是獨體，而實由根幹枝葉等各物組成，也不過如叢林的集合體。更取木片而投在火中，更散為無數瑣碎的灰，我們更從何處求物的同一性呢？

這麼看來，經驗的「物」的概念，大部份是不過一時的，不能滿足同一性的要求。這麼樣還有確定不動之物的概念麼？實際上保有自己同一性的物果可認識麼？於是為求確定之物的概念，不能不求標準於特殊科學的思維成哲學的思維。在經驗界既求不到物的實在，那就不外乎求諸現象背後的一法。物理的探求既無所得，就不外乎用玄學探求的一法。這兩法中的真理，就是對於現象物的實體。常識上對於物的諸性質，本不視為有同等的價值。我們求實體的思維，就從這種已知的事實入手。我們雖並沒有明確的表示，而在習慣上，常於經驗的物，作非本質性（偶然的特徵）與本質性（本質的特徵）的區別。前者雖變化消滅而物的同一性如故，後者一有變化消滅而物的同一性也跟着改變。我們對於物的區別，常常於不知不識間依內屬的範疇，由多數性中選擇要素，以結合統一而為物的概念。這不但行於常識之物的觀念，就是科學與哲學的實體概念，也基本於選擇。實體概念，由於本質性的迭次選擇而達到，我們現在不能不一問選擇的根據與權利。

我們第一要考察的就是在物的經驗上同一性，所必不可缺的性質。我們第一遇着的是位置，例如方轉的枱球，在那裏動與怎麼樣動，是同一重要的問題。這個印象上的空間關係，是知覺全體所不可缺，很明白了。然而並不是一切物都有這種位置的聯帶，例如植物的產地，動物的居所，雖於生活上很有關係，而不必計入本質性。

現在要講到顏色了。設使我們把白球染成紅色，是否同一物呢？我們一定不假思索而答應「是的」。這麼看來，物的顏色，雖有催起快感與不快感的效力，而於物的本質性上，亦非必要。於是可認為本質性的，惟有材料與形式了。設使我們把枱球磨成骰子形，就不能認為球了。又如把同式的象牙球來換他，也不能認為同一球了。這似乎形式與材料，同一重要。然使我們有一個用蠟團成或粉搓成的球，再團再搓，成為雞卵形或骰子形，或其他種種的形，還是認為一塊蠟或粉。這是形式又隨便，而所餘止有材料了。

但我們又轉過來，例如河流的形式，大體不變，雖水量有增減，水色有清濁，而我們還認為同一物。又如有一手杖，用了多日，曾換過新柄，後來又換過金箍，後來又換過桿子，幾乎原來手杖的材料，漸次的全數換過了。然而還是這個手杖，這是與我們身體在生理學上所考察的一樣。

然而以形的不變為構成同一性的公式，也不見可靠。凡有機物，時有形與量變化很多的。例如槲實與槲樹，同一植物，若從他的發展過程之全部變化而斷為同形，恐只有科學的考察而不是素樸的觀照。又如有機物的同一性，雖於全體上割去一小部份，並無損礙，如斷指、斷臂等是。若斷了頭，似乎同一性消失了，然而蛙卻無礙。這是生理上實測過的。這樣看來，同一性存否的界限在那裏？我們得為概念的規定如下：凡一物雖有幾部份失去，而全體的連絡統一，仍不受障害，仍得持續他的生命的，可認為與前同一的生物。這就是不專在形式，也不專在質料，而在生命的持續性。就是有機物只要生命連續，他的形與質雖有變換，不失為同一性。

我們還可以推廣一點，即普通語言上不很願意叫他作物的，例如人格的同一性，雖個人的意見、感情、信仰在生存間有多大變化，除了病的變化以外，總認為同一性。最後如國民與國家的統一，國民的內容，雖人數如何加減，時代如何推移，而國民的同一性如故；國家有歷史的統一，雖經大變化，而國家的同一性如故。

這麼看來，物的同一性，由於本質性概念的規定，而區別本質性與非本質性的選擇原理，隨立場與視點而不同。在特殊科學上，物理學、化學為一類，生物學、心理學為一類，歷史學為一類。有三個要點，為選擇本質性的標準，就是質料、形式、進化。這三點就是構成實體概念時所不可缺的標準，就是於變化的經驗中求出不變化的實體的方法。這裏面有時間的要素，就是不變化的對於變化的關係。在特殊科學上分為二道：一是導入普遍對於特殊之原有的關係；一是導入原因對於結果之構成的關係。

依第一思想傾向，凡是普遍而不變的，可以為真的實在。例如化學上的元素，自安納撒哥拉斯，已有此明瞭觀念。或如海巴脫所講絕對的性質，乃至多數個體中所發見物質之類的概念，與柏拉圖所提出的觀念（Idee）相等。柏氏說美的物含有美的觀念；物體的溫或冷，是溫或冷的觀念來去的結果。這是以各個物象，均為現象的實在，不過因隸屬於普遍的而分得一點性質。是以普遍統特別的普遍主義。

雖然，此等普遍的實體，如元素，如觀念，不過變性之物的概念。這種變性之物的概念，與實在之物的性質，不能一致，所不待言。而且構成概念之抽象的過程，不能不屢作較高的比較與分解，以達於最後惟一之普遍的。所以化學元素，遞次增加，而最後乃歸宿於單一根本元素的假定。然類概念固不能不單一，而對於物的內屬範疇的本意，所說結合複雜而為統一的，不能不漸次離遠了。笛卡兒之延長的實體與意識的實體之概念，與海巴脫所主張有單一性質的實在，從根本上講起來，已經是變性之物的概念了。這種不是物質與精神對待的普通觀念，最後就歸於「自然」。凡自然科學上普及的思想，都以為物質是帶有普通的能力、元素、法則，以為真的實在，而一物個物，都不過一時現象。

有一種宗教感情，與這種玄學見解一致的，他以罪惡視個物，不認他們有何等存在的價值，而主張沒入個體於全體的神。反對此等見解的，有一種價值感情，於個體上主張人格的意識，以自由與責任為原始感情的。又使我們姑除去感情，而對於上述的普遍主義尚有純理論上重大的批難。普遍主義不能解決下列個體化的問題：怎麼樣由普遍實在產出特殊個體？為甚麼物的元素，在這個地方，在這個時候而以這種狀態結合為個物？若說是這些物體，都是實在交代的產物，這交代從那裏來的？在實在本質上，不能有這個交代他們說明的思維，不過由一個物而屢屢追溯到以前的個物，陷於無限的往復就是了。於是乎可以進行的，止有以最初存在的個物為真的實體了。而這種個體主義，從對於個物的思想，有不同的規定，而展為各種形式。

第一是德謨克利泰[36]的原子論（Atomismus）。他所想到的個性，遠多於現今的原子論。現今原子論，還是化學上分析的類概念，又用消極光把他分析了成為電子，這不過是回向普遍主義的一條較好的道路。德謨克利泰說原子的質料是相同的，而他們的量與形式各各不同，且各有相當的方向與速度，以行他固有的運動。文藝中興時代的粒子論（Corpusculas Theoric）是繼承他的理論的，然而在物理學、化學上竟不能成立。於是此等科學對於個體主義，不能不放棄了。

有借亞利士多德學說而以生物學維持個體主義的。亞氏曾用隱德來希（Entelechie）的概念，證明有機形體之個性的生命統一為真的實在。就是質料為要實現他的形相而發展為個物。這種用以發展的質料，在各別存在時，已有現為生活的實在之意義與價值了。這是最近於物的性之原本的範疇而歷史的最可維持之物概念的一種。

玄學的個體主義之第三種，是來勃尼茲的單元論（Monodologie）。他以為萬有由無數的單元成立。此等單元有同等的生命內容，以特殊的狀態發展而生活。這些單元，都是世界的鏡子，都能表象全宇宙，這就是一切事物的生命所以統一的關鍵。然而各單元與其他單元全為別物，因世界不容有兩相等的實體。又一個單元與其他單元的表象內容並無區別；所區別的，是他們表現宇宙，清晰與分明的程度，隨他們的個性而有差別。於是有疑點發生，這些單元怎麼樣互相映照？若每一單元，不過表象自己與其他單元，是我們所得到的不過互相對照的全統系，竟沒有絕對的內容了。這就可以見普遍主義與個體主義的對待，一引入精神實體的形式，而遂為概念的難點所集注了。

緣這種概念的難點，而我們要用概念來規定個性，是事實上所不可能的。因為我們規定個性所用的性質，都是從特殊上抽出來的共通點，就是與別的個物相通的類概念。個物的特性，只有結合各種性質的方式。這種方式，必要用特殊的表現法，不能用具有普遍意義與他物同等相當的言語去表示他。所以個體不能用言語表示。個性不能以概念記載，只可感味。歷史上的大人物，與不朽的藝術品，我們只能以內面的態度體味他。個性與各個性間之關係與狀態，決不能以概念完全理解他，而只得用美學的體驗。

依純理論的考察，普遍主義與個體主義的反對，直接由物的概念之構成上採出來的。我們用概念規定的物，本成立於普遍意義的諸種性質，以一物與諸他物區別的，全由於從無同樣之結合性質的方式。普遍主義求真的實在於普遍的性質，而以特殊之結合性質而生的現象物為第二次實在。個體主義，以特殊結合的物為有價值的本質；而以所由構成之普遍的性質為第二次的實在交換而得的要素。所以關於實體問題，普遍主義，是與化學的機械的思想一致；個體主義，是與有機的思想一致；兩思想的相違，由於物概念的結合上有不同的選擇。

依第二思想傾向，常住的本質與變化的非本質之區別，有本原的與派生的之關係；或名為構成的特徵與派生的特徵；而往昔常區別為屬性與式樣。例如笛卡兒以物體的延長為屬性，而其他一切狀態，是由延長衍出的。心的屬性是意識，而精神活動及表象感情意慾等，都為意識的式樣。式樣常以一定的關係，與一定的條件，由屬性產出，所以對於本質為相對的性質，而屬性為物自體所借以構成的，所以為絕對的性質。物體之化學的本質，由實體的根本性質而成；色、臭、味等等，對於各個感官的關係而派生的，便是式樣。我們人類的本質是性格，對此不變的本質而生出各個活動，行為的狀態，這是派生的現象，而為本質的式樣。

這區別若全是正當的意義，也以經驗的認識之關係為限。因此種區別，基於因果關係之事實的知識，而非關係於論理的形式，若再推到這個範圍以上，就不得不陷於玄學的難點。屬性與有這個屬性之物的自身，不但我們言語上，就是思想上，也不能不有區別。以屬性對物自身，便與式樣對屬性無異。語言中語詞的判斷，如「甲」是「乙」的一句話，並不說主詞與語詞一致。我們說糖是白的甜的，並不說糖就是白，就是甜，而說糖有白與甜的性質。物自身是不指一性質而為諸性質之所有者。洛克以實體為「諸性質之不可知的保持者」，就是這個意思。

以實體的不可知而主張不必考求的，不但現代的實證哲學，實自英國觀念論者勃克萊[37]發起的。依勃氏意見，性質以外無物。例如有一顆櫻桃，若把可視可觸可臭可味的統統去掉，就沒有甚麼了。他否定物體的實體，故所取的實體，不是感覺的集團，不過觀念的一束，這就是他的哲學被名為觀念論的緣故。在彼以觀念為精神狀態或活動，還沒有否定觀念的實體。到他的後繼者休謨，又應用櫻桃的理論到「我」上。「我」不過表象的一束。休謨在他的少作論文（Treatise）主張過，後來因招同國人反對，改作「研究」（Inquiry）的時候，就把這個主張刪去了。照他的主張，實體的觀念，可用聯想律來說明他。實體不可知覺，不過基於同種觀念屢屢結合的習慣而為想像的產物。

但我們取「我」的觀念考一考，覺得自姓名、身體、職業、地位以至於內界的表象、思想、感情、欲求，用「我」的名統括起來。我們固然不能確說，在這些性質與狀態以外，還有一個「我」在那裏。然而對於休謨之「我不過觀念一束」的學說，在我們人格感情上不能不反抗。而且這個反抗，除了感情要素以外，還有理論的要素。以諸性質的統一為「物」或「實在」的意義，決非指諸性質偶然的並列，而必為互相結合的。洛克說明範疇，謂是在意識上統屬一切來會者之意義。這可以適用於一切的概念與實體的概念，就是諸性質的統屬，決非並列而是結合的。

這種諸性質的統屬，可有兩種觀察：一是全視為心理的（主觀的）事實，不過借內屬的範疇而實體化。一是以為若干範疇上，被表象的統一關係，適合於對象的，而有客觀的意義，就有認識價值。後一說是康德用以反對休謨的。這兩種觀察，均不能於被統屬的諸性質結合以外，別有所謂獨立的實在。綜合的統一，關於其形式，決不能為事實的規定。而一方面，這個形式，又不能實際的分離，而與由此形式所結合的種種要素之複合體相對立。所以實際之認識的工作，不能不由經驗所示的諸種統一關係上，返求諸以本質的性質規定所存於知覺上一時的物觀念的根柢所存之實體概念。而追求這實在之本質的要素，不可不有質與量的區別，即內容的性質與形式的規定之區別。

實在的量　實在的量，可分為數與大兩種：

以數論，我們所經驗的現象物，數實無限。我們狹隘的意識，止能得他們一小部份的截斷面。這些所經驗的部份，不但依屬於體驗範圍，而且在體驗中的一部份，又因記憶所存的標準，而依屬於統覺作用。精神上無意識的作用，既融合新舊，而產出普通的表象；而有意識的作用之認識，又把他們的特殊性質淘汰了，以行單一化而構為概念。這種概念上的單一化，在自然科學上取「類概念」的形式；在文化科學上取「全體直觀」的形式，各依他們適應於認識目的之選擇的原則，以抽象非本質的而達到概念上的單一化。若就統一一切存在物與一切生成事而言，就是自然的宇宙與歷史的宇宙之意義。

對於「前科學」的思維中之物概念，與「前哲學」的即科學的思維中之多數的實體概念，而設定真的實體之惟一性，是一元論。這一派多以神為惟一真的實在之代表的名詞。如希臘的安納西門特是特以萬物最後的原理為無限的，而名為神的。近代哲學，如斯賓諾莎[38]、費息脫[39]、色林[40]、黑格耳[41]、西利馬吉爾[42]都沿用過的。這種一元論，對於種種現象物，並不視為冷固的，而以排外的狀態相對；而以為相流通，相影響，相聯合，相移變而互為親密的關係。力學上以此種關係為一切原子交互的引力。康德以人目與世界物體間媒介的光線，說明「實體交通」的意義。與古代斯多亞派[43]「萬物一致」的思想相近。而一物既能影響於一切物，結局就是一切，如安納撒哥拉斯所主的「萬物共存」說，尼哥拉斯・庫沙奴[44]的「萬物遍在」說，都是一致的。於是乎一切是惟一的統一，一切是溶解於惟一的自然。只有這個是可以當「真的物」即「實體」之名。現象決不是真的實體，因為現象非同一性，而且不絕的生滅變化。現象不過是神性（真的實體）的變化無窮之式樣。神是一，也是一切，因為一切式樣都是屬於神的。這一種形式的一元論，也名作泛神。而純粹由這種思想建設的，是斯賓諾莎的學說。他以「神—自然」的思想為基本，以「多」為他的現象，以「一」為他的本質。而「多」與「一」之思想的關係，不外乎內屬的範疇。神即原始物，有屬性，又有限定屬性而散為各個現象物的式樣。例如一塊蠟，他的可以膨脹的質量，是屬性，他的變化無方的狀態是式樣。把這個關係應用到宇宙上，一切現象物的本質，仍是一，不過存在的狀態各各不同。所以實體就是「神—自然」，而第二次實在之現象，不過是「一」之真的式樣。然這不過一個現象的「多」統屬於實在的「一」之形式；而這個內屬範疇以外，又有同等重要的因果範疇。應用這個範疇，那就「一」是原因，而「多」為隨於這個原因的結果，神是能產者，世界由神所產的物而構成。神是本原的實體，而現象是派生的實體。

神的一與物的多之關係，從內屬範疇，有泛神論；從因果範疇，有理神論（Deiotische oder teistischen form）。在第一式，神是原物；在第二式，神是原因。即內在性與超越性的區別。兩式的共通點，是本質為惟一性的，不受何等制限，因而絕對的獨立。至於多數的現象物，由我們經驗上特定的內容互相制限，為有限的。

無制限就無可規定，如埃利亞學派[45]之「有」的概念，以「有」為惟一而且單純，排一切變化而且排一切的多，說「有」是不可以言表的。中世紀神秘派的柏拉丁[46]以這個不可言表的為超越一切差別而有不可知性的單一的本質。後來的「消極神學」（Negativen theologie），就說神是一切，他沒有特殊點，所以無名。就說是「反對的統一」，因而超越現實界特定的內容互相區別的一切反對。於是所說「一切即一」，不但對於我們的思維，就他自身，必是無規定的。以無規定與無制限相合而為神之無窮的特徵。

雖然，此等神秘說，雖受歡迎於宗教的感情，而不能滿足知識的要求。我們的知性，要有區別，有規定，才能理解。若立一個毫無內容規定的單一實體概念，就難以說明那些表現多狀的現象物。這難點最顯的是埃利亞學派，他們立一而排多，且否定變化運動。於是「一」不能出自身以外，而多與變化都不能實現。這個「現」自何處來？怎麼樣來的？他們沒有說明的方法。這個止能名作無宇宙論，就是這個現象的宇宙，在真的實體裏面，就消滅了。不但埃利亞學派，就是後來的一元論，對於單純本質發出複雜現象的問題，終是不能解決。

一元論不能更進，於是他的反對方面多元論起。海巴脫的反對一元論，最為扼要。他說若果以「一」為原理，將不能演出「多」與「生成變化」。多不是由一出，複雜不能由單純出；在經驗上的關係，就看出複雜的現象，都是每一物與其餘多數的物相關係而成立的。一切物的性質，都是相對的意義，因為都是一物與他物的關係，從沒有一物單從自身產出的。物理的性質，例如色，是與光的條件有關係的。心性的性質，如表象、感情、意志等的傾向，都是與一定的單獨內容有關係的。而且對於生成問題，若說是從一物出來，就無從把捉，若是缺了與他物交代的關係，那就甚麼是開始，甚麼是趨向，甚麼是動作的對象，都無從想出了。每種動作，止能想作反動。推想全世界，是帶着複雜性質的凡物，與他們彼此相應的效力，把無數物體間的關係，組成一個網的樣子。

海巴脫氏既想定多數本原的實在，而以實際的生成變化，為由本質的無變化的多數之實在交互成立；以否定一元論生成變化由「一」開展的理論；又因一元論有以生成變化為實在往來的假定，而亦不能不立一種「超經驗的空間」之概念，以供給實在運動之場所。這個概念，是從物理的事物之運動，結合及分離等所不能免除之「經驗的直觀的空間」之概念而來。關於這一點，看出多元論而說明現象的複雜變化，不能不有一種包括的統一。而這個空虛的空間，乃不能不承認為有，而與說實在無異。這是不行於多元論的。

一元論與多元論，均有不滿足之點，不能不求一種結合一元、多元的系統。這一類是以來勃尼茲的單元論為最完全的形式。無內容而抽象的「一」，不能生「多」，散漫而沒有餘地的「多」，不能生「一」；「一」與「多」須不是派生的，而是本原的，才可以結合。於是由「一」的惟一性，單一性，而更加以統一性。我們的表象，狀態，簡單的知覺，抽象的概念，都是有複雜的內容，而以一種形式結合為不可分解的統一。康德於《純粹理性批判》中，規定綜合的原則：說不是由形式產內容，也不是由內容產形式，實以形式統一內容為一切意識的根本性質，就是受來勃尼茲學說影響的。單元論應用此思想於玄學，由部份對於全體的關係而加以部份等於全體的原理。宇宙複雜而統一，他的各部份等於全體及其他一切部份。這個「等」是相等性而不是一樣性。一樣性是一切原實體毫無質的區別，只以位置變化為區別，如近世原子論是。單元論，以一切實體（單元）各有一個與他實體相等的世界內容各以單一特殊的方式結合起來。這是一方面對於普遍主義與個體主義的要素，他方面對於一元論與多元論的要素，都是等分考察的。宇宙的同一生命內容，於他的各部份中各為特有的結合以成特殊的統一。一切這等部份，與全體及其他部份互相等，而又各有其獨立的本質。相等性與統一性存乎內容；而差別性與複雜性存乎結合的方式。所以各部份均為具有特別形式與色彩的世界鏡，而自為一小宇宙。近代思想家為洛采氏，於他的發表思想的著作，即以小宇宙（Mikrokosmus）為名，也是這個意思。

以大論，關於現象界的大，有空間的、時間的與強度的，都可用數的計量；在真的實體上就沒有數量可計，而純為概念上的解決。就是超越人類計量能力的實在，其全體是有限的抑無限的之問題。

古代哲學家以真的實在為最完全，為有限；而以第二次實在為未成的實在，為無限。後來受神秘派神學的影響，以神為無限的，於是對於人類，對於神，均以意志為最高的實在；以為知性有限而意志無限。絕對意志，就是神之無際限的萬能力；而人類也得感有無制限的意慾。笛卡兒以意志之無規定性無限性為無際限力，而為人類所具之神的要素。近世玄學家由此根本形式對立無限實體與有限實體時，以有限性為存於延長與意識，而以無際限的意志為精神的實體，即神的無限性之小影。我們習慣上常以神（即本質）為無限的，而以現象的事物為有限的。

在文藝中興時代，雖有人主張萬物無限，而神即宇宙，所以神之顯現的方式，也一定無限的。然經尼哥拉斯．庫沙奴的訂正，就結束了。尼氏以為本質現象有價值的區別，萬有的無限性，也不能與神的無限性同價。且謂無限性（infinitum）與無制限性（interminatium）有別。後來哲學家用積極的無限與消極的無限，或且用善的無限與惡的無限等名義。總之，神的無限性，是超越時間空間的意義；而世界的無限性，是於時間空間上無際限的意義。

至於時間與空間的無限性，於直接經驗的意義上，本非經驗的事實，固不待言；然而這個卻是我們經驗上一個自明的前提。我們每一個知覺，都帶着有限之空間的大。空間的無限性，卻無從經驗；然而這種無從經驗之空間的無限性，可以產出空間的統一性與惟一性，可以為各個知覺的理解在意識中發展之前提。

每瞬間知覺上空間的大，共屬於同一的視界，或各種觸覺轉置於同一觸覺的空間，這已經是空間統一性與惟一性的思想發展之初步。若眼的動作與觸覺的動作共組一空間的表象，於是視覺的空間與觸覺的空間一致。這個一致，是由經驗而得的。若我們由彼而此，由昨而今，凡才起的空間經驗，都舉而移入於同一的全體空間，那就我們經驗所得的，都為屬於全體空間的部份。在共同生活上，我們各個人所體驗的空間觀念一致，共以這空間為同一無限的；因各個空間為知覺的人格所佔有的，都失了中心點，所以空間是無限了。而每個人空間的經驗，也就是無限空間的一部份。雖然，這個統一性與這個同一性，非直接經驗，而是一種要求；大多數人，並不置此種意識中，而於現象間為共存、異處等規定時，要為必不可不豫想之自明的根本前提。康德所說的空間直觀的先驗性，就是這個意思。這個先驗性，並非如心理的先天性，設想取一無量大的箱子放在世間，把一切特殊物都裝在箱裏面似的；他是按一種事實，如我們講到一種並列的物體，或講到一所分界的空間，就不能不有一個前提，就是說這些空間都是無限空間的一部份。在玄學的要求，作統一世界想，就必有這個無限空間的前提。

上文所說空間性質，一部份是適當於時間的。時間的統一性與無限性，也不是直接經驗而是一種客觀的前提，以一切實物一切事故為同屬一世界的。凡有各別的直接體驗，都是許多分離的時間之大、與有窮的時間之關係。每個人各有他個人的（主觀的）時間，由各別之意識狀態的總和所成立。這等直接經驗之時間的綜合，就是惟一無限的時間；各個人所經驗的一切時間之大與時間之關係，都是此無限時間的一部份。

但是時間直觀與空間直觀，也有根本上的區別。空間的統一，例如有一物體，由甲點移到乙點，二點間各點均不能不通過。這是連續推移的統一。而時間體驗，在意識上，卻為一種不連續的片段之作用。統一此片段作用而為共通的時間經過，必使時間得連續性的特色，與空間相類。現代柏格森[47]氏以自然主義的心理學與玄學，均有根本謬見，起於時間的空間化，是很有意義的。

時間空間的區別，對於「空虛」觀念的關係，也是一端。普通人以空虛的空間為理解運動的前提，雖為自然哲學者所否定，然可以有此表象，若空虛的時間，是不能表象的。

實在的質，現象的實在，以各具種種性質，得用為互相區別的標準。一方面此等性質，又自己不絕的變化；因此性質變化的事實，而實在之真的性質問題，遂不得不起。這個現實，在我們思維上，有以常住為本原的性質、以變化為派生的性質之習慣。經化學者修正，而幼稚之物的概念，代以元素的概念，還是基於這個動機。然也有同一的困難；由元素化合與結合而生的實物與所由組織的成份，全然性質不同，例如輕（氫）與養（氧）以一定比例，化合而成水，水之物理學化學的性質，與所由組成的輕（氫）養（氧）二素之性質完全不同。何故輕（氫）養（氧）二素以一定份量結合，而能成此性質不同的水，無論何人，不能論證。除認為事實以外，沒有別法。這種理解，想用一個原理來演繹，竟不可能。如結晶化、原子量、溶解點、電氣作用等，都是這樣。關於分子的構成，現代理論，也還不明瞭。現今就原理講起來，比較恩比多立用「地、氣、火、水」四元素來說明一切的時代，還沒有甚麼進步。

但是回到化合之量的關係，仍有意義。關於此點，由物之質的差別而回到量的差別，為忠於研究自然的傾向。就是舉所知覺的事物，就他們對於我們種種感官的關係，而說明相對的性質，也是這種傾向。例如色的感覺，無涉於目外的感官，於是乎凡有目所能感覺的，都作為色的性質，就是色屬於目。其餘聲屬於耳，臭屬於鼻，等等，也是這樣。以物的性質依屬於感官，普通名為「感官特殊的能力」。在古代，既於此等依屬各感官之特殊性質以外，認物體之空間的形狀、位置、運動等為一切感官共通的性質。此等性質，第一次的，固然止為視覺與觸覺所介紹；而第二次的，就與其他諸感官的感覺結合起來。所以對此等性質，假定為一種共通感官的關係；而同時亦認為有一種實在的價值，在特殊感官的性質以上。因為認特殊感官的性質，不屬於物自體的性質，而不過為物自體對於知覺意識表示的結果；這是洛克所以區別為第一性質與第二性質的理由。

這等見解既被公認，於是激刺的運動，與由此而開展的感覺之間，所有並行的關係，漸定為規則，而知識益益確定。例如聲音與弦與空氣振動數的關係，就是一端。這種自然不是概念的判斷，而是事實的關係。凡性質依屬於量的，都不是分析的、概念的，而是綜合的、事實的。何故一秒間以太四百五十兆振動而現青色，沒有人能證明理由的。然而事實上的關係，不失為自然科學世界觀的基礎。依這個見解，量的性質，是絕對的，屬於第一次實在之本質，質的性質，是相對的，是第二次性質，而屬於實在的現象。

對於意識的最後實在性質，也像外界的，用概念作為單一化，有主知的心理學，與主義〔意〕的心理學，互相對待。主知的以表象為意識的根本作用，而以感情與欲意為表象間緊張的關係，可以海巴脫為代表。主意的以意志為根本機能，而以表象為意志的客觀化，可以叔本華[48]為代表。調和這兩種見解的，又有主情的心理學，以感情為根本，而以意志與表象為平均的潛伏在感情裏面，以不斷的關係，兩方互相發展；這可以斯賓塞爾為代表。這一派的意見，不以知情意為三種分離的活動，而認為人生之本質與作用的三方面。這恐是最近於真理的。

近世心理學又有一種反主知論的理論，即以意志或感情為根本機能，而表象乃其結果；且又以根本機能為無意識的，但無意識是無從體驗的情狀，僅可為說明意識的假定，決不能用以解決意識問題。現代研究心意本質的，都以意識為包含感覺、判斷、推理等作用，以及感動、選擇、欲求等活動。此種意識，在常識上看為與實際表現份量的物質全然不同，於是有物體與精神、感覺的與非感覺的、物質的與非物質的等等異性質的標識。

但這等二種實在，有何等關係呢？在常識以此二元性為自明的事實，沒有懷疑的餘地；但科學的思維，尤是哲學的思維，以實在全體統一觀的傾向，為一種根本動機，不能不循這種傾向而進行。進行的方法，或於兩方中認一方為本質而以他方為依屬的現象；或以兩方共依屬於第三者的本質。第一法中，或以物質為本而精神為屬，是惟物論；或以精神為本而物質為屬，是惟心論。

惟物論的動機，可別為二：一種是玄學的，以一切實在，都應存在於空間的。在素樸的思想，總以實在為即在空間佔有地位的意義。所以精神的活動與狀態，就是存在於我們的腦髓與神經系的。非物質的靈魂，也必在天上佔有地位；鬼有住所，可以招致，且可以照相。宗教上的設想，以為神的超空間的性質，與神的遍在空間，沒有矛盾。古代斯多亞派以實在與體魄為根本概念，常常互見。近代代表此派惟物論的是霍布士[49]。彼以空間為實體之表象的形式，而哲學就是體魄論，自當包有人為的體魄，例如政府也是實在，因為佔有空間的緣故。

又一種是人性論的（Authropologisch），以精神為附屬於物質的。看我們精神狀態，隨男女、老少、健病與一切體魄的變遷，而隨時均受限制。這是有機體合的活動的作用，並沒有於肉體以外，再立「精神」的必要。這種思想，自十七世紀以來，因反射運動的觀察而確定。反射運動，不但為合的性的特徵，兼及於順應力及完成力。其始由笛卡兒一派，以反射運動說明動物的機械運動。後來拉美得里[50]應用於人類，因而有「人類機械論」。十九世紀法國的加伯尼[51]與勃魯舍[52]，德國的伏脱[53]與摩爾沙脱[54]，都是這一派。

十九世紀中段有福拔希[55]結合以上兩種動機，而建立辯證論的惟物論。他把黑格耳所說「自然是精神自身上離異的」一語轉為「精神是自身上離異的」。十九世紀的惟物論的著作，都作此想。一部份可以步息納[56]的「力與質」為代表，他部份可以都林[57]的著作為代表，而斯托斯[58]的《舊信仰與新信仰》是最稱精博的。

較為高等的惟物論者為斯托斯等。仿用黑格耳「自然超越自身」的語風，而以心意的實在為物質，或物質作用之特別的一種，古代為德謨克利泰，曾說精神是形體中最為精微的，由火的原子成立。法國惟物論者呵爾拜赫[59]著《自然的體系》（*System de lanature*），也以為普通人所說的精神動作，不過原子之微妙的、不可見的運動。現代阿斯凡德[60]說意識如熱電等，也是能力的一種。但是我們既然覺得心的實在與物的實在有根本的區別，而說甲是乙的一種，猶如說梨是蘋果的一種，狗是貓的一種，殊不合理。若說心意狀態是物質的結果，或是由物質上特別精妙組織而產生，也覺得不可通。因為物的實在狀態是運動，心的實在狀態是意識，依然是異質的。就使一方面推到極微妙，一方面化到極單純，謀兩方面的接近，而兩方根本上的區別，還是沒有除去。無論怎樣微妙的運動，終還不是感覺。激刺與感覺的關係，志向與目的運動的關係，從經驗的研究上可以看出兩者有一種因果的關係。我們慎重的態度，不敢就說是因果關係，而僅僅說是不變的關係。然而我們無論在何種機會總不能說意識狀態就是身體的運動狀態。我們不能說兩者是同性，至多說到他們有因果的共屬關係。而此等一定的共屬關係，也不過是經驗的事實，而不是論理的分析之結果。在視覺神經的刺激狀態，無論怎麼樣的取得物理學化學的定義，但他的伴以一定色彩感覺的理由，惟物論上還沒有能證明的。

惟物論上既不能維持他們的意識與物質狀態同一視之主張，於是轉到反對方面的惟心論。最簡單的是勃克萊的見解，說是物質界的存在，不外乎知覺。後來洛克所說的「物自體」，在勃氏號為「性質之不可知的實在之保持者」，例如櫻桃，不外乎他的各種性質之總和。這等性質，就是意識的實體，就是精神之狀態與活動。這種精神，不論是無限的屬於神的，或是有限的，為我們所經驗而得的，同是惟一的實在。別種惟心論，除神學的教義以外，可指數的，還有來勃尼茲之單元論，費息脫之先驗哲學的惟心論，黑格耳之辯證的玄學的惟心論，這些學說的區別，是對於根本的精神之實體，或說是各個的心的存在，或說是意識一般，或說是普遍的自我，或說是世界精神等等。又有以意志為真的實在，而以物質界為他的現象者，是叔本華等主意論的玄學。

這些惟心論的根本動機，是從奧古斯丁[61]、笛卡兒起的。他們以為在我們的知識上，一切外界的材料，都是不確不定的；而我們精神的存在，自己的存在，是絕對不可疑而可信的。由這派演出的，無論是主知，是主意，都是以心意的實在之直接經驗為本原的，而在玄學的理論上，就認為真的實在。

然而這種惟心論，也有與惟物論相等的難點。就是精神怎麼樣能轉到完全不同的物質界觀念？勃克萊說這種觀念，是無限的神所給與有限的人類之精神的。然純粹精神的神，何從得所謂物質之原型的觀念？來勃尼茲說是單元之最低度的意識狀態，就是物質的狀態。這也與惟物論者以感覺為物質最微妙等運動，同一不合論理。費息脫說感覺的內容，是「我」之無原因的自由所限定的。這也不過從空漠的「非我」來替代物質。黑格耳以精神自身他在而為自然，也與勃氏等見解同一空漠。

惟物、惟心兩方面，均沒有解決這個問題的希望，而二元論又不是科學的與哲學的思維所許，於是有建設「第三界」的思想。在斯賓諾莎的哲學，以實在的全體在事實上有兩屬性。近世哲學或以無意識的概念當第三界，如哈脫曼的無意識哲學，就是渡到無意識的一元論的。

現代的一元論，以物質與意識之二屬性，不是靜的並列，而存於動的生成之過程。各個現象的生成，二屬性必同時伴起，惟以一系列為主而他系列為副。而近日最通行之一元論，乃以物質為根本實在，而以意識為依屬於他的現象。這不過是假裝的惟物論。而於是實在論，遂不得不移入生成論。

（二）生成論

實在問題，以物體為中心；生成問題，以事變為中心。事變有位置變化（即運動）與性質變化兩種。但一說變化，常不免傾向於不變而常存的感想。於是或回向物性問題，或歸宿於統一各種變化的主體。

每種事變，至少有兩個狀態，依時間前後而聯結。沒有時間的要素，就不能存想事變。正如因果關係上去掉時間的要素，就不是實際上的因果，而是論理學上的理由與結論。假如斯賓諾莎說神的無限本質上，事物與法式必然的永久的聯帶而來，這很像說三角形的本質上，內角之和等於兩直角的條件必然的永久的聯帶而來。不過論理的數學的關係，而不必是事實的關係。

但是事變的概念，也不能單以時間的系列為滿足。例如我們在一間屋子裏面，初聞人語，後來又聞開車的汽笛，這兩種聲音，是時間上有系列的關係，然而不能聯成一個事變，因為他們沒有事實的聯絡，所以不能把複雜的成為統一，我們若問怎樣可得到統一？可以兩種條件為答案：一是屬於同一物的事變，例如甲物有子丑兩種狀態依時間前後系列，就是由一種狀態推移到別種狀態，這名作內在的事變。

這種事變，在意識上表象與表象，情意變動與情意變動，都有前後系列的狀態。在物體上也有這種現象，就是憑着惰性所給的方向與速度而前進。一是異物間的關係。例如甲物若有子的狀態，乙物就有丑的狀態，依時間的系列而出現，這名作跳越的事變。這種事變，在兩人以上此心與彼心間固可直接經驗，而心與心的交通，不能不借肉體的媒介，所以得想像兩種跳越的事變。一是兩物體間所行之物理的事變。一是心與肉體，或肉體與心之間所行，如普通人所想定之精神物理的事變。這種事變上，凡有構成事變的諸狀態，於時間的繼起上有必然的結合。

這種必然的關係，在時間本質上，可有兩種互相反對的方向，就是以時間為線狀而取他的一點作出發點，可有前後兩方向，即過去與未來。第一，甲若存在，乙就隨伴而來；是甲為原因，乙為結果。第二，若要有乙，必先有甲，是乙為目的，甲為手段。就是事變的要素上所具之必然性，或為結果性，或為必要性，而他們的依屬關係，或為因果律的，或為目的觀的。

因果關係　因果關係，可別為四種根本形式。

第一，一物為因，他物為果。這怕是因果關係應用上最根本的形式。他的意義，是由原事物而產生一個新事物，在有機界最為顯著。例如植物能開花，能結果；母體能產卵或產胎兒等類。但依科學的觀察，這種意義，止能適用於現象界的事物，而不能推用到本體。止有宗教性的玄學，用以說一切事物最後的原因。如笛卡兒說無限實體造有限實體；來勃尼茲說中央單元造一切特殊單元等。

第二，物為原因，而物的狀態與活動為結果。例如人類為種種行為的原因，心為種種意識作用的原因，物體為種種運動的原因。照此意義，實以物有能力，故能生種種狀態。在內界，有意志為決斷的原因，有悟性為意見等原因；在外界，有惰性或有機的生活力，為運動的原因。就是以物的屬性（力）為一切特殊作用的原因。但是特殊作用的活動，不能專屬於力，還要有一種適於活動的機會，因而有能動的原因與機會的原因之區別。所以照此說，我們可認為原因的有三方面：或是能力的，或是機會的，或是兼具能力的與機會的。

第三，與前說倒轉而以狀態與活動為事物的原因，例如先有建築，始有家室等。在康德與從他而起的哲學家，都有這種動的自然觀。尤是色林的自然哲學，以引力與抵力為物體所由生。費息脫一派，也以行動為最初，而實體是他的最早之產品。他所說的「我」，並不是固定的元素，而是一切表象、情感、意慾等等動力之有機的綜合。即如現代自然哲學上的能力論（Energetik），也不外乎以動力解決原子的問題。

第四，於各種狀態間，以一為原因而他為結果。這可別為內在的原因與跳越的原因。在心意上，由知覺而生記憶，由目的之意慾而生手段之意慾，由理由之知識而生結論之知識，這都是內在的。在物理上，如有機界，以消化為製造血液的原因，以末梢神經刺激為腦中樞刺激的原因，也是內在的。但是純粹的物理界多屬於跳越的原因。或由一支體到他支體，或由一原子到他原子，都是跳越的。這一說是四說中最簡單的，例如運動，推動的物體是原因，被推動的是結果，從蓋律雷[62]以來，凡研究自然哲學的，都以這種因果說為標準。

這四種差別的由來，不外乎同一事實，可以由各方面觀察；而且在原因複雜的情形上，那個是主因，那個是副因，也可以有不同的觀察。因果間量的關係之別，也是這樣。笛卡兒說原因至少含有與結果同等的實在性。力學上因與果有相等性的原理，自蓋律雷以來，公認為真理。然也有人說，日常生活上，有以微因生大果的，有以極大動力之裝置而得微細之結果的。就這種量的不同之觀察，也可以悟因果說所以不同的理由了。要之，因果範疇，是一時應用的形式，若要求事變之真的科學的概念，還在形式以後。

凡是一個事變被別的事變所規定的，就名作必然性。在跳越的事變上最簡明表示的，是甲的運動，推移到乙，成乙的運動。由甲乙兩物的運動而成一事變，物體雖異，運動惟一；他的後面，就有世界自己同一性的假定。不問現象上有何等變化交代，而世界常同一。不但指不生不滅的實體，而且於現象的事物上所造成事變的運動，也視為同一。凡有我們叫作結果的新運動，都不外乎叫作原因的舊運動。凡有說因果要求與因果原理的，都含有這種同一性的假定。這種同一性的假定，在時間上的追溯與豫訂，都可適用。例如我們有一個新的體驗，我們就要問問這是從那裏來的？這就是豫想：怕是從前在一種地方曾經有過的。隨後又要問問他將往那裏去？他將變作怎樣？這就是豫想：他不能從此就消滅了。這種意義，在機械的因果說上，竟可以說：原因是結果以前實物的狀況，結果是原因以後實物的狀況。就是能力恆存的原理。所以世界無所謂「新」，一看是新的，其實不外乎舊的。

然而因果間同一性的假定，不過對外界印象時，我們知性的一種要求，與一個前提。若在我們日常生活上，與特殊知識上所認的各個因果關係，與科學上所見的各個因果法，覺得事變上綜合的聯結之諸狀態，大部份，自始至終的過程，不是互相類似的。除了一物體運動推移到他物體，算最為類似外，餘如化學的變化，電機的摩擦；或別種過程，如以電光為雷鳴的原因，以日光為冰融與花開的原因，以舉杖為犬走的原因等，因果間都不是同一的。因果間差違愈大，兩事間因果關係就愈不可解。

關於這種不可解性的論著很多，他們根本意義，就是說：在論理的分析上，決不能尋出由原因構成結果，與由結果發見原因的特點。然而也有主張兩者的關係，全然與動及反動、壓力及反壓力的關係一樣，由一方變到他方，毫沒有所謂不可思議的。機械的各部份，傳運動於他部份，可以由各個的基本過程分解；應用這種方法，把異質的因果關係，分解作等質的單純因果關係，就容易了解。自然科學上對於物界的一切事變，都用機械的說明，例如熱是分子的運動，電與光是以太的振動等，理解的要求，產出同一性的根本假定。物界的現象，既以分解為單純形式，而得理解因果的性質，推到有機界，也用機械的理解；推到心理界，也可分解為基本作用，以理解他的因果過程了。

笛卡兒派對於異質因果的不可解，以為物心兩方面的理解，都不成問題；而不可理解的，是精神物理的事變。到葛令克[63]始推廣到全部。以為一方的內容，決不是存在他方的內容。所以原因與結果，不能有論理的關係。就是由一物體傳運動於他物體，也是不可理解的。何故一種狀態，在事實上必然的有全不同的狀態，與他聯帶而來？不管是異質的或同質的，決不能求出論理的理解。所以不獨跳越的事實，就是內在的事變，也是不可解的。總之，因果關係，完全是綜合的，不能為論理的了解。所以作因果關鍵的同一性假定，也就不能為合理的了解。

我們實際的體驗，常由思維而加以合理的要素。若除去這種要素，那麼，實際體驗的內容，所餘存的，不過時間的關係了。我們的知覺，有前後關係麼？有要求因果關係的解釋之權利麼？這是一個疑問。我們不覺得時間繼起能造結果，正如我們覺得「物」是一種聯合諸性質的結紐。所以因果關係，不能為合理的認識，也不能為經驗的認識，因而因果關係無從認識的結論就起了。

一個結果，所聯帶而來的，常有許多的時間繼起。我們不過於其中選取幾個時間繼起，要求因果關係的權利，且亦僅僅對此關係上承認必然性的特色，是無可疑的。但此種事實，可以由各方面作不同的解釋。而我們因果觀念上所含的要素，也可以互相差異。就中如休謨的見解，因果關係，不是合理的與經驗的所給與，所以不是分析的感覺的所能理解。他的起原，實在於屢次同種繼起之內的經驗。甲表象後有乙表象，屢見而成習慣，由這種習慣而甲乙間聯想容易推移，於是感有甲觀念起而乙觀念不得不隨之而起的約束。這種約束的感想，是因果關係必然性的起原。這個關係，不是專在甲的觀念與乙的觀念之間，而竟覺得在甲物與乙物間了。所以我們在實際經驗上，一觀念起時，必然的他觀念隨之而起。於是乎我們內界有一種動作的體驗，就是在時間上規定原因與結果。這種動作的體驗，從休謨提出後，後來的哲學家又附加以他種的體驗。凡人在記憶上想起一事，實際上是從尋求而起。這是用我的意志作表象的原因，我並不知道意志是怎樣做到的，然而我們所體驗的，有這種動作的事實。又如我要舉臂，就舉起來了，我並不知道為甚麼要舉就舉，然而我所體驗的，有這種事實。在別種方面，依我的意志，發起一種衝突，一部份在我的支體上，一部份在對象上，我並不知道這種衝突有甚麼別種原因，然而我體驗着，有這個事實。照這兩種情形，我覺得在動作的體驗上，有由原因生結果的必然性之感情。這就是力的概念之起原。在外界經驗上，以力為運動的原因，不過用內經驗來解釋外經驗。嚴格說起來，外經驗所給我們的，不過事實的時間繼起。所以德國基希呵甫[64]與馬赫[65]的實證哲學，主張物質科一次的或一般的時間繼起之事實為限，而不參以力與動作的概念。

然而也有一種主張，與此說對待，而以必然性為因果關係上決定的要素。因為止有這個必然性，能把事變上種種要素統一起來。而且也止有必然性，始能在許多時間繼起中，取出有關原因的幾件。這個必然性，固然是心理上動作的感情，然而論理上也可適用，就在時間繼起的普遍性上。甲如來，必有乙隨之而來的主張，就是甲乙二要素間有事實的、一義的結合之意義。這種結合，是不問甲在何處出現，或以何式出現。總之，一有甲，就必有甲的結果乙隨之而來，這是論理的條件。在這種因果必然性的意義上，是無論甲的出現是一次，或多次，都沒有關係。有人說，因果關係之僅現一次而不能再見的，不能納入論理的因果式，是不可通的。因果必然性的主張，含有甲再來時乙必隨之而來的假定。即因果關係，有一種時間繼起的特質，在一般時間繼起中以特殊情形而出現。所以各個過程的必然性，實為普遍性所規定，就是由時間繼起的規則而規定。康德的因果關係定義「一物在時間上，依一般規則，而規定他物的存在」；也是這種意義。這個普遍，就是聯合因果兩要素而成統一的事變之結紐了。這種規則，我們就叫作法則。於是每種因果的斷定，都得指示普遍妥當的因果法。因為有這種連絡關係，所以一切事變必有原因的原理，遂取得自然合法性的原理之形式。

由這種法則的概念，可以知道特殊的對於普遍的，有依屬關係，是論理方式。

這種方式，可以替代勞無功的分析法。一般的綜合，是事變的要素必然性的本質。所以因果範疇，有兩種要素的結合：一是個人內界之動作的體驗；一是特殊依屬於普遍之論理的前提。日常生活的因果觀，常偏重前者；各科學的因果觀，常偏重後者。

機械觀與目的觀　前文概論事變，曾說一義的時間繼起，有以起初規定終結的，也有以終結規定起初的。於是必然性中，可有結果性與要求性兩種。在第一種上，有了甲，必更有乙。在第二種上，要有乙，先必有甲。但乙的由來，並不限定一甲，也可以由丙或丁……等等。例如運動，有由於衝撞的，有由於壓抑的，有由於熱力的，有由於磁性的，有由於達一種作用的。這種事實的依屬，都沒有違異於論理的依屬。在論理上從理由得結論，是常常確定；從結論得理由，就不能一定；因為同一結論，可以得種種理由。我們從此可以引到自然法逆轉問題。我們可以說，有同一原因，必能生同一結果；然而同一結果，是否必出於同一原因，便是問題了。所謂同一結果常有同一原因的假定，是自然合法性之原理的要素，而為歸納法的思想與推論之前提，所以於事變之最普遍的形式與我們最複雜的經驗上固為適用。然而此種可以逆轉的關係，究不過日常生活的語調，而在特別研究上，就不能一樣。總之，在物理學、化學範圍，可說是機械的；而在生物學範圍，可說是目的觀的。在一方面，例如養（氧）與輕（氫）為一與二比例而結合，可以成水。於是要成水的，就不可不取養（氧）與輕（氫）按照一與二之比例來化合。在別一方面，例如有機物為要有各種光的感覺，就不可不具有眼的一種感官。於是有一種機械觀上所不適用的語氣，就是用「止」字來形容因果律的轉換。在有機論上，可以說「止」有在適中的氣候上，有機物可以生存；就是為有機物的生存計，必需適中的氣候之意義。

有機物的生活與形體，由他的一定機關與一定機能而後可能；然此等一定的機關與機能，又必在有機體而始可能。就是形造結果的全體，規定他必要的部份；部份是「止」於全體上存在；全體是「止」由部份而可能。時辰表是由先已成立的機輪等所組成；而有機體的各部份是他所自產，所以組立全體的根本形式有二，即機械的全體與有機的全體。前者部份先全體而成立，全體「止」由部份而可能。有機的全體，就不是這樣，他的部份受全體的約束，待全體而始可能。所以有機的生成，乃所謂結果的終局，受初始所規定的，這就是目的觀的說法。

向來天文學上習用「合目的性」一語，希臘哲學家恩比多立已經用在有機物生活上，近來又應用在達爾文的適者生存的進化論。因而人人以為目的觀的問題可用機械論解決了。然而我們不可為術語所欺。試問照此意義，所謂合目的性，是怎麼樣？由天文學觀察，所謂合目的性不過能繼續維持秩序。由生物學的進化論觀察，所謂合目的性，不過保持自己與後代的生命，就是有生存能力者生存。有生存能力者生存，是自明的事；或想對於適者而加以一種意義，就是價值概念。這個價值概念，與一切無關生存能力的觀念或目的等等理想相對，而為一種實在的意義。而普通對於有生存能力者生存，用廣義的合目的性，包含機械的發達之產物，與生存上自然淘汰的事實來證明他。然由事實上考起來，價值概念上合目的性，與生物學上生存能力的合目的性，並不完全一致。例如猛獸毒蟲的生存，在生存能力方面，不能不認為必然性，而價值不免闕如。所以適者生存的價值。也不過供自然主義的樂天觀者之驚嘆罷了。

這些不一致的意見，大部份是因一詞而有多義的緣故。就是「進化」一詞，也有很相近的兩義：一方面是自然法則上，全不含價值關係的；又一方面，是人類體驗上，參加以價值關係的。例如由星雲而進化為天文系，這不過由簡單而進為複雜的過程罷了。然而普通思想，就參以愈簡單的價值愈低、愈複雜的價值愈高的解釋。

斯賓塞爾的進化論，就完全以這個作根據的。

目的觀有真偽兩種：真的目的觀，有一種目的，就是未來的實物，能於實現以前，規定實現上所必要的手段。偽的目的觀，僅有一種意向，是結果以前諸原因中一因，就是以未來觀念為目標，而成立意志活動的。用人類意向的目的觀，推到自然法，於是不得不歸於神的意向，因而神的意向之目的觀與真的目的觀混同。然而自然過程上，與意向的目的觀可以證合的實不過一部份，因而激起辨神論問題，仍不能不轉入於目的活動與自然必至兩方面之異同而引入二元論。

精神物理的事變　哲學上所以常常引入物心對待的二元論之故，實因物的事變與心的事變之間，常相違異；欲得兩方結合的可能性，而互相推移，是一個至難的問題。

這兩種事變，有各種差別點：

第一，是連續性的差別。物的事變是運動，運動是空間上位置的改變，常相連續。例如由甲點行至乙點，兩點間的空間，沒有不通過的。心的事變就不是這樣。各種意識作用，雖相繼而起，卻並不互相連續，並沒有漸次推移的痕跡。例如聽言語時，一聲以後，又有他聲，各有獨立的性質；並不像球類的由右而左，必要通過中間。

第二，是常暫的差別。由可見的物體以至原子，凡在空間運動的，都止有外的變動，而物體內容依然如故，且他的事變，隨着運動的過程而消失。心的事變，是集表象、感情、意慾以為統覺，常隨事變的過程而集積，乃可以常常體驗的。不但個人，即文化發展的全體，能常存不滅的，都是事變的產品。

第三，是進行性質的差別。物體的進行，完全是依屬於位置之空間的關係，無論是化學的物理的以至於有機的，凡所說靜止與運動，都以位置的有無變動而定。心的事變，是有一種前後相貫的意義，毫不涉空間關係的。例如夢的聯想有類似與對照；判斷上有各表象之事實的連絡，意慾上有以何種手段達到目的之關係，都是與物體的僅僅變易位置不同的。

第四，是兩方由簡單而複雜時結合方法的不同。在物質界，力的合成，就以「力的平行四邊形」為根本式，當合成以後，單純的初式，就不可復見。心的事變，在複雜狀態中，所集合的成份，仍不失其特性；不過有一種統一的形式罷了。這一點恐是物的事變與心的事變最主要的差別了。

物與心的事變，既有顯著的差別，物心間相互的關係，遂愈難理解，於是精神物理的因果關係，遂為一大問題。在笛卡兒一派，已說因果關係，在意識與物理，畫然兩界。近來最通行的為精神物理的並行論。這一派的見解，是說物心兩界，並不互相為影響，而兩界的事變，無論何等段階，常有一義而並行的關係。由同一根本實在，而一致的分現於兩界。於是所謂精神物理的因果關係，不過此界狀態與彼界常相對應罷了。

說明這個並行論的，以「能力恆存則」為最廣。然照科學上「能力恆存則」考核起來，仍不能說明精神物理的因果關係。因為照「能力恆存則」的原理，在物的實在之全體上自成統一；由運動能力與位置能力的分配而定運動的方向與強度，是用機械的法則支配的。若說物理的運動，還別有一種精神的能力作主動，就是破壞物理界「能力恆存則」了。於是應用「能力恆存則」於物理精神學的，變而為意識界有一種特別的能力，感覺神經運動為意識，就是心意的能力；最後由意向而再變為運動，正如物界之運動變熱而熱又變為運動相對應。但是這種解說，在「能力」一詞上，又添了幾種非科學的意義；心的機能，與科學上「能力恆存則」的能力，並不能一致。所以精神物理的因果關係，尚不過得到幾種幼稚的假定罷了。

第四編　價值問題

（一）價值

理論與價值，同有肯定與否定的形式，而範圍不同。例如說「此物是白的」，或說「此物是好的」，文法上形式雖同，而上句是事實的判斷，下句是價值的判斷。事實判斷上，賓詞就是主詞的性質。價值判斷上，在幼稚的思想，也以為「善」、「美」等詞，與其他附屬於主詞的諸性質一樣。細考一回，就可知道價值判斷的賓詞，決不是一物自身的性質，與專屬自身的關係，而是由價值意識上發生的。但價值判斷，也有普遍的妥當性，與事實判斷一樣。在各個經驗意識，以自己價值評判為適於普遍，似是當然的事；然經驗稍富，而這種自信的成見，就被破除。所以價值判斷，實為人生的一問題，也就是哲學的一問題了。

價值的概念，或以滿足要求為定義；或以惹起快感為定義。一方是以意志包感情，為主意論的心理學所主張；而他方以感情包意志，為主情論的心理學所主張。主情論以感情為心意的根本作用，因而說思維與意慾，均由這個根本作用派生的。

而主意論又說快感是意慾上滿足的狀況，不快感是不滿足的狀況。在有意識的意慾，固然很覺得清楚，就是無意識的意慾，也是這樣，例如飢了就不快，飽了就快。但是在基本感情上，如色、聲、臭味等等，往往顯出不從意慾派生的反證，而且人類有一種反對意慾的感情，尤其不是主意論所能說明的。至於主情論的說明，本為快樂主義與功利主義的理論所自出，以為一切意慾，沒有不從快與不快的感情之體驗而養成的。然而有一種反證，就是本能，這是一種基本意慾，並不經何等快樂的經驗而早已實現的。且我們的行為，也往往有明知不快的經驗而毅然進行的，或者以此種本能歸於無意識的本原，說是由遺傳而得，可以得較大的快樂。然而無論如何，在個人固有不顧將來之快與不快而有一種原本的意慾，是不能反對的事實了。總之，一切感情均出於意慾，或一切意慾均出於感情，現在還沒有定論；感情評價與意慾評價，常為交互關係，是很明瞭的。

兩種評價的交互推移，最顯著的，是接觸聯想的關係。請舉兩例：其一，心理上愛錢的說明，最初的時候，也不過視同紙片；後來屢次靠他來滿足各種要求，就漸漸兒愛他了。其二，利用愛褒賞與畏刑罰的心理，而施行教育。教育的力量，能叫人愛他所本惡的，而惡他所本愛的。照這種價值轉換的心理看來，若取各個評價之心理發生的起原，來作價值論的標準，是不可能的了。

在幼稚時代，往往以自己的感情與意志推論到他人。稍積經驗，這種推想，就不免動搖；很信有自己覺得可快，而他人認為不快的，自己認為有利，而他人認為有害的。然則洞察人情以後，又覺得善惡美醜，並不是沒有共同評價的關係。例如風習，就是與各人的評價相對待，而作他的標準。各人都肯捨棄他個性的評價而服從風習，這就是良心之心理的本質。良心就是在個人意識上的主體意識之言語。然而風習也不過事實。風習對於個人評價的優越點也不過事實上多數人所承認，有量的優越罷了。風習的評價，也與個人評價一樣，有時也不免迷誤。所以我們的良心上，在事實的個人意識與事實的全體意識相為關係之第一形式，尚不能為最後的決定，更要進一步考察。

於是達到哲學的價值論之根本問題了。價值的意義，不外乎滿足要求與惹起快感，所以價值並不是對象的性質，而僅於意慾上有要求時，與感情上受外界影響時，對於評價的意識，有價值的關係。倘若沒有這種意慾感情，就說不到價值。於個人評價以上，有表示全體意識的評價之風習，就是新生的價值。但這種價值，照歷史的及人類學的觀察，各國民各時代的差違，也與各人評價的不同一樣；若對於種種國民，種種時代，而判決他們道德與趣味的高下，於何處得最後的價值標準呢？超越個人評價與諸國民風習的相對性而求絕對價值，就是超越一切歷史的形成之諸價值，而求此等價值所由形成之規範的意識，這就是倫理學與算學的問題。

(二) 倫理

倫理學的價值，在乎行為的目的，就是行為的原理。所以倫理學所研究的，就是人類意慾，當以何為目的之問題。在人類生活上為道德的行為之主體的，一方面在個人，一方面在社會，又一方面在歷史的發達之人類。所以實際哲學的倫理學，有三部份：其一，個人道德論；其二，社會論；其三，歷史哲學。

道德的原理　就道德原理上，可以有四種觀察法：第一，是要確定一種概念，甚麼是道德？甚麼是善，應當是認；甚麼是惡，應當否認？對於各別的義務與道德法，果有一種普遍的統一的規則，可以統括他們麼？對於一切事情與機會，果有決定道德命令的標準麼？照這個意義，是注重在道德內容之原理。第二，是問：怎麼能認識道德法，把普遍的應用在特別上？怎麼能認識那常識所說的良心？在這種意義上，道德原理，是指我們知識上認識道德法的根源。第三，道德法是一種命令與要求，與人類意志之自然的衝動與運動相對待，為甚麼有這個權利？他的要求的根據在那裏？照這種意義，道德原理，是道德法的可認性。第四，既然承認人類自然的意慾與道德法的要求互相對待，就不能不推尋到根本上，為甚麼人類要反抗自己的意志而從道德法？隨人類良心的要求與他們自然的本質相差益遠，而人類自己覺得自然的本質，是不合於道德的，或竟是個道德的；尤感着為甚麼有這種反對方面的要求之問題，是不可不解決的。照這種意義，道德原理，是屬於道德的動機。

道德內容的原理　道德內容，是最難確定的。雖同一國的人，倘若地位或職業不同，他們所指目的道德，就不免互異；況在各國民，各時代，對於一種行為的批判，定能一致？於是道德沒有普遍性的疑惑起。要免這一種的疑惑，不能不提出公認為道德標準的原則。於是就遇着目的觀的根本關係，為古代哲學家所說，最高的價值，是至善，是一切各別的義務與規範之所從屬而為最後的目的。

倫理學說中最近的觀點，是從心理組織上，求這最後的目的，就是幸福說（Eudamonismus）。以為人類的天性，都求幸福；而達這個目的之手段，有正當與否；道德是一種各人自明的，而且沒有例外的，可得幸福的最正當之手段。康德曾說這種見解，是以道德為最善處世法。

幸福說的批難點，就是心理上已有不可通的。亞利士多德已經說：「決不能以快樂的慾望為一切慾望的動機。幸福是慾望滿足的結果，決不是慾望的動機，也不是他的對象。」我們知道，不但簡單的，就是最發展的意志，都是直接向着所慾望的對象，從沒有顧慮到幸福與否的。我們不能說：幸福是最後之目的，而一切慾望是達到幸福的手段。

主張幸福說，就不得不有誰的幸福之問題。第一答案，是以個人自己的幸福為目的，是為利己的幸福說（Egoistische Eudemonismus）。各人所求的幸福，本不一樣。最幼稚的以感覺的快樂為目的，古代哲學家，以亞利士多分[66]為代表。進一步，務於精神的快樂，如學問、藝術、友情等，古代有伊壁鳩魯一派，十八世紀有沙夫茲伯雷[67]所建設之美的快樂論（Ästhetische Epikureismus），以個性之美的發達為理想。最後又有一派，於感覺的及精神的兩種快樂以上提出靈魂救濟為道德命令最後的內容。這種見解，常與不滅的信仰，永遠生活的希望相結合，可名作超絕的幸福說。這一派中，專注於自己靈魂之救濟，而忽視對他人他物之義務的，就歸入利己說。與這種神學方面的超絕道德相對待，而提倡現世的道德之學說，起於惟物論及社會主義方面，如聖西門[68]、都林、福拔希等，最近有紀約[69]與尼采[70]。

與個人幸福說相對待的，是以他人全體幸福為最高目的之利他說，以增進他人幸福的動機與行為為善。在動機上或立於利己之心理的基礎，或立於原本的社會的衝動之信仰上，均所不問。又對於利他的命令，或歸於神的意志，或歸於國家與社會的秩序，亦均所不問。所以這種利他說之道德的評價，決非質的差別，而是量的差別。因為人類以滿足要求為幸福，而利他說既不加他種價值原理，就不能不以各個人能實現他的要求為滿足。又以各種要求，不免互相衝突，不能不承認最大多數的最大快樂為道德。普通稱為功利說（Utilismus）。但是最大多數的最大快樂，是誰的幸福？仍不外乎各個人。所以功利說與利己說，實立於同樣之心理的前提。且以功利說重視幸福之量的結果，不得不遷就多數低度的要求；因而道德的興味，以求快而避不快為限；不免放棄高尚的道德了。

幸福說以外，有完全道德說。這是不根據於心理，而立於玄學的基礎上，以一切特殊的命令歸宿於完全，為道德最後的內容。就是依照目的觀的世界觀而以天性的完全發展為最高的道德。也與利己的利他的幸福說相類，而有個體完全與人類完全的兩說。多數的說法，都以實現人類本份為根本前提，就是以個人加入於國民、時代、人類全體的總本份為準。然而這種見解，正如西利馬吉爾所說，在乎自然法的完成。因而道德之命令的特色，不免脆弱。因為道德的「不許不」與自然的「不可不」之對待，不用很難的間接法，就不能理解。且此等理想的動機，無論是對於個人或對於人類全體之本份，早已不是概念的認識之事實，而是信仰的事實；就是玄學的，而且一部份是宗教的前提，不能求出科學的認識之普遍性。

幸福說與完全說，均注重於實行道德以後的結果，對於內容的原理，並不能與以單純的普遍的內容。到批評哲學的康德，始對於道德與非道德，指出兩種根本的特質。其一，倫理的判斷與道德的命令，全繫於行為根柢的動機，所以說，「善的意志以外，沒有善的世界。」又嚴立道德性與適法性的區別；前的是遵循道德的行為；後的是沒有遵循道德的本意，而行為的形式及效果，均與道德法一致。康德屏適法性於道德以外，以為有減損道德價值的流弊。到失勒[71]的倫理說，始緩和此種區別，而認適法性也有道德的意義。其二，無上命令的概念。從前說道德命令的，是假定的，因為不是由道德法本身尊嚴所產生，而受制約於各種關係。康德名這種制約是他律的（Heteronom）。道德法的本性與尊嚴，是道德對於人類的要求，沒有制約，沒有條件，不許何等斟酌的。道德的命令，無論何地何時，都要求服從。道德的命令，是完全創造的，超乎一切經驗所得的意慾而獨立。照此意義，道德的命令，是自律的（Autonom）。

這種形式的道德原理，不主有自身以外所給與的內容，而全由自身所規定，所以僅為有格率的原理，而不是規定格率的內容。康德以無上命令為良心，為普遍概念。個人於動機上，以意慾服從法則。而這個法則，又全然獨立於個人意慾上已有之偶然的方向與對象以外。這是良心教示我們的。因而這種法則，獨立於各人意慾之差別以外，而得視為同樣的適當於一切個人，所以有普遍妥當性。康德之批判的道德，雖求認識根源於自己的反省，求可認性於個人的自己規定，而所認識所論證的義務，卻是構成道德的世界秩序，而對於一切個人，課以同樣之義務的。

注重人格，是康德的倫理說與他以前啟蒙時代的完全道德說相同的。幸福說一派的沙夫茲伯雷與來勃尼茲等，以人格為自然所給與的個性之發展；康德以人格為由普遍的理性法則支配一切個人的意慾而後成立。這兩種人格說，前的很難由經驗的個性，而達於類的合法性，且易陷於一部份浪漫主義的危險，就是以完成自然的個性為最後最高的道德。若批判的人格說，於原理上否定一切個性，而人格之道德的本質，乃以個人意慾受支配於一切個人同作標準的格率。而此後理想的道德哲學家如費息脫、西利馬吉爾、黑格耳等，所努力解釋的，以人格道德的任務，在以個人實現道德法於現象界，以依屬於歷史生活之偉大的關係，而填充個人自然的素質，與普遍妥當性道德的空隙。他們所希望的道德，不外乎人類事實的本質所生之經驗的要素與超越的理性秩序所生之任務的結合。

幸福說的道德，注意於快不快，而限於經驗的人類生活的範圍。完全道德說，基於人類本份之玄學的認識。批判道德，以道德的世界秩序之意識為個人的良心，即康德著作中之實踐理性。而歷史的世界觀之理想主義的道德，則可以理解無上命令法的內容，怎樣演生歷史上全體的文化。

道德的認識根原　關係道德的認識根原，是要問：我們怎麼知道是善？怎麼知道評價規範的妥當？解答這個問題的，約分為兩方面，一方面主張經驗，一方面主張直接理性的反省。而兩方面也不能不互相錯綜。經驗雖在確定事實的道德，而要達普遍妥當的規範，不能不舉道德的事實而選擇比較。惟理論雖在確定妥當的命令，而根本上，也不能脫離人類之事實的道德意識。所以經驗論的立足點，不論為心理的，或歷史的，若僅以記錄道德的事實為限，就不免傾於相對說，而不能滿足道德的意識之要求，以達於規範之絕對的妥當。惟理論由普遍的理性要求出發，若僅以研求合法性之形式的法則為限，就不能不用間接方法，以人格尊嚴的概念應用於經驗的生活關係，而達到內容的命令。

較這等方法問題更有意義的，是事實問題。就是日常生活上，人類素樸的良心，怎麼能得到義務的知識與判斷的規範？我們在實際生活上對於道德之最高的原理，往往於無意識中自然的應用。初不要經過研求原理的困難，而自然於各種機會應用道德規範。與其說是根原於明瞭的概念，毋寧說是根據於感情。所以有以感情為良心本質的道德學者，如英國的沙夫茲伯雷、赫金生[72]，都以感情為良心的本質與道德意識的根原，用以說明一切道德的內容與意義。到休謨與斯密[73]就指明止有實際的生活上，需要知解，來明瞭他的關係。然而不可不有待於理性的考慮，就是有一種正當的道德感情，在判斷上著現出來。照這個方向進行，就覺得道德的認識，有直覺的特性，而不待理論的知識與其他外面影響的證明。但是這種見解，仍舊是依心理的倫理學者之習慣，把道德的感情列在一般經驗的感情狀態，而停留於一切經驗物相對性上。所以康德又以道德感情為純粹實踐理性的事實，而引上於理性的普遍妥當之範圍。凡人都有一種直接性的道德意識，超乎智的修養與智的能力之程度而獨立；可由此而發見最高的世界秩序。這種形式的直覺說，注重在直接感情的自證，就是能以良心的規範，應用於任何機會而都是妥適的。海巴脫循這種根本方向而組成實際哲學，以道德為一般美學的一部份，以為我們一切判斷的最後裁判，是在超脫一切依據知解的附屬品，而在本原快感上歸入一種關係。這種本原的感情，是不能靠考慮來把捉，來建設，而無論在何種機會，總是最初的事實；他的實際，是適當於意識而接觸於內容的。

道德法的可認性　說道德的認識根原的，偏重道德的感情方面；而論道德原理的可認性的，卻專屬於意志方面。無論何時何處，我們的良心，總不但對於已往之事實的動機與行為，而加以回顧的批評；還對於將來之實際的意志決定而有所要求。這種要求，是與別種意志相對待而為命令。那麼，命令的權利，怎樣來的呢？我們的意志，為甚麼要把規定內容的權利，交給命令呢？這個問題裏面的可認性，自然以道德法與自然意慾相對待的學說為限。幸福說與完全道德說，均以道德法為基礎於自然的本質，就沒有可認性的必要。

以道德法與自然意慾為相對，始有可認性的必要。有以自己意志上有這種要求，為起原於自己以外較高之意志的，就名為權威道德。如洛克所說，立法的意志，有神的命令、國家的法紀、風習的規定之三種根本形式，這是他律的。康德主張良心自律說，而歸結於理性的意志之自定。這種自定的內容，是從一切理性者同樣妥當之道德的世界秩序上求得格率。對這種自立的法，本也沒有可認性的必要；然康德是以人格尊嚴與道德法同一視，而認為真之可認性的。

道德的行為之動機 說道德的行為之動機，也以道德法之內容的要求與人類自然的感情與衝動之存在相對待，而認為必要。從利己說之假定的道德，人類於求幸福與避不幸以外，無所謂道德，那就合於道德法的行為，不過起於恐怖與希望的動機。從權威道德說，不過因別種意志，有賞罰的權力，因而起服從的動機。基於此等動機，而有合於道德的行為，決非有道德的價值，而僅有適法性的價值；康德看破適法性的真相，不認為道德。道德必與自然的衝動相對待。凡以利己的衝動與社會的衝動（即自然的社會性，如同情等）為動機的，就是他的行為偶然合於道德法的要求，在康德看來，也不能認為有道德的價值。

康德既以自然的社會性屬於適法性的範圍，而不屬於道德性的範圍，於是道德的行為之動機，不外乎對於「道德法的尊敬」與「人格尊嚴的感情」了。然康德一派，也不取斯多亞派的嚴肅說，以為有限於「道德夸」的流弊，如失勒所主張之「美魂」

說（Ideal der schönen Seelie），由道德的發達而有依賴自己，不肯違反道德法之感情狀態。在這個時代，性癖與義務，尚相對立，然而無論何時何處，均不至以性癖侵犯道德的格率。若程度更高，人類必純粹為適合道德的感情，這是可推而知的。

於是乎關乎道德的全體生活，可分動機為幾級：原始的，最幼稚的，是無意識的循自然的社會性，而以個人意志服從全體的意慾。進一級，對於個人意志的要求與全體意志的要求之間的互相對待，已有明瞭的意識；然還沒有對於全體意志的尊敬，而但有遵循全體意志的合法性。再進一級，為要征服自己意志中反對道德之諸衝動，而吸入道德命令於自己意志之中，這是努力道德性的範圍。最高一級，在生活過程上，達到個人意慾與全體意志的渾融；那時候美魂與道德性，不過用語上的區別罷了。

社會論（意志團體論）　前面說道德原理，已經說到個人意志與全體意志的關係。要詳論這種關係，所以有社會論。

人格之最內面的獨立性，就是叫作良心的、決不能不顧全體意志；而全體意志造成種種制度，且以歷史的形體發達的，差不多全為支配個人而設。所以意志生活，以個人與全體為兩極。我們固然常見個人意志與全體意志的一致，但相背而馳的也不少。即使互相反對到極端，然而個人斷不能全不顧全體意志，全體也斷不能完全犧牲個人的意志，所以這兩者的關係，是非常重要的。

全體意志所由表現的意志團體有種種，今以個人為中心，而區別各種團體，有個人立於團體之先，而組成團體的；有團體立於個人意志以前，而規定個人意志的。前的如各種會社，後的如國民。這正如無機有機的區別，前的是部份先於全體而成立，後的是全體先行成立，由其生活活動而產生部份。所以意志團體對於本質的見解，有個體主義的機械的方向，又有普遍主義的有機的方向。

這種團體發生的差別，關乎個人的位置。在社會上，以自身意志之主張為多；若這個會社與自己入社之目的不一致時，可以出社。在國民就不能擺脱，以自身從屬於國民，「不許不」的分子，較意慾的分子為多。

意志團體，有家族、民族、會社、國家等。無論何人，既在這團體以內，就不能不感有一種之支配力，這就是風習的支配。風習的自然點，與他的無條件而行的點，不但在感情與意慾上，就是在直觀與思維上，也無在不可以看出精神團體的形式。他的可認性，存於不可見的權威之輿論，就是各個人意識上最初存在之全體意識。

但是風氣的狀態，由歷史過程而分解。歷史過程最顯著的例，是個人解放的經驗。個人解放時代，一部份基於個人人格的意志對所受支配的當時風習壓迫之反抗力；一部份基於各個人分屬異基礎、異目的之種種意志團體，而風習互相矛盾。家族、會社、國家之要求不一致時，不得不取決於個人自己的判斷；因而個人脫離風習之自然的、半意識的支配，由這種過程而風習分歧為兩方面：一是內的方面，有人格道德；一是外的方面，有法律而形成一定之國家秩序。道德、法律與風習，互為消長。風習支配範圍較廣時，人格的道德，必貧弱；而法律也是粗雜的，表面的。法律漸精微，漸內面的，而支配較廣，個人的道德，對於法律，漸亦嫉視，而擁護自己的領域。最後道德與法律互相反對，而道德的人格之世界，與國家的法律秩序之世界，應如何界劃，遂為重大的問題。

因各種意志團體所取的價值不一致，不能不有普遍的，必然的標準之要求。個人判斷，一部份或確有一種信仰，而一部份終不能不懷疑，遂渴望有決定價值之最後的規範。而這種規範，決非各意志團體，所不可不充的任務。例如各種社會的任務，都以幸福的、功利的根本特色，達日常生活種種之目的。而此等任務，在事實上又各有特色，是否能納入統一的形式，遂成問題。有人以此等團體之總目的，為在個人的安寧與完全的，然何以此等團體有對於個人的支配力？他們沒有法子說明他。又有人主張以人類最高的本份為任務的，又不能不以超越我們的信仰為根本，而陷於玄學的解釋。總之，意志團體的本質，必求諸任務之內在的性質。由風習而分派為道德與法律，是足備參考的一點。覺得一切意志團體，都是表示一種不明不定的心意。全體生活，尤是全體意慾，他的根柢上，就是一種無意識的形式。若把他變成有意識的，具體的，而取出生活秩序，以構成共通的操作，表現的制度，就成了文化。文化是人類以有意識的作為，造出環境之意義。當造出生活秩序的時候，在個人方面，又因他的人格及獨立性與風習反對的關係，而以自己所學的全體生活完成為有意識的、與具體的為目的。所以生活秩序的創造，文化體系的產出，固然是意志團體的職能，而同時也是各個人格的本份。

歷史哲學　歷史哲學所第一注意的，是個性的特色。人類勝於動物，文明人勝於野蠻人，就在這一點。在自然主義的意義，一切有機物，於物理的心理的特徵，常現出差別個性。例如此貓肥於彼貓，彼犬警於此犬，雖極小如蚊類，也各有極小的形態上之差別，殆沒有不具個性特徵的。然而這種特色，都出於自然的分化性，而決不是獨立自覺的個性。有自覺的個性的，止有人類，就是人格。人格也有階級。

為種族繁殖而生的大多數人，僅有潛在的人格。我們固然以法律的道德的尊敬彼等，然彼等不過在由個性而推移於人格的初步。而介乎這種推移的，就是自覺。

自覺與其他意識內容之間，並無分析的關係，恰如神經運動與意識之間，或無機物與有機物之間，僅有綜合的關係一樣。這種綜合的關係於自己創造「自我」以前，並不存在，直至創造的「自我」產出而後現。「自我」在實體世界，是全新的。這種人格上不可名言的個性，就是自由。他的產生的根源性，不能用玄學的潛在力來解釋，因為用這種解釋，就是否認個人的自由。而在道德的責任感情與歷史的思維，又必然的有這種自由的要求，因為止有綜合的自由，是歷史上的新事實。

這種意義的人格，在自覺的個人上，由批評自己而表現。人格且對於自己而佔一種自由的地位；由論理的良心而定自己諸表象的價值；由道德的動機而定自己評價的價值。無論何時何地，在自己批評上，人格自分為批評的與被批評的兩面；就是以批評的明瞭之思慮的生活層，與被批評的不明瞭之感情生活層相對待。在明瞭思慮層，把握他獨立的本性。在人類歷史上，知識、道德、藝術的進步，都起於人格常新的動作。就是不憚犧牲，與從未公認的真理分離，而變革全體生活。就是使全體意識，脫不分明與無意識的素質而發達為明瞭的自由的形式，這是人類歷史的全意義。自然種族的人類，於最初最低的生活，本有與蜂蟻同一強度之社會性，在人類歷史上，人格的動作，所以形成且闡明共同生活內容的，卻在於反抗原始的社會性。人格個性的作用，注入恆久的變化於一般生活的全體，由這種客觀的過程而成立歷史。

說歷史變化的，有集合主義與個人主義的分別。集合觀以一切歷史，在於全體運動，以歷史的意義，不外乎全體生活的變化；而對於偉大的人格，看作普通個性。個人的歷史觀，注重於偉大人物的創造力，而於他所受全體的影響與協作，都不免忽視。這兩派都偏於一面，而不能理解諸人格與全體相互的關係。全體的風習，不是有偉大的人格，發起新思潮，全體意志就不能進步。偉大的主張，若不是全體生活上最有價值的內容，也不能成為歷史的事實。所以人格的偉大，是否定他個人的要素，而有超人格的性質。以超人格的價值，由自己發展而形成外界；這才是偉人的本質。這種價值，超然於實現者個人的條件，而且為超時間的，所以有永遠的妥當。可以說由全體與個人之歷史的關係，而借人格的活動，以生永遠的價值。時間的普遍，與人格的特殊，互相交涉；而為生活秩序之客觀的必然性。按照論理的法則與倫理的法則，永遠價值，由歷史生活之時間的戰而實現。所以在人格方面，不得不以樂於犧牲自己為最高之目的；而在全體方面，不得不以生活秩序漸近於理性秩序的完全為最後之結果。

由這個視點觀察，人類歷史，就有全體統一的意義。這種意義，固然以生物學上有機的統一之思想作背景。然已往歷史上，惟見有各民族各國民的互相反對與戰爭，到今日而我們有人類統一的理想，實是歷史的產物。由人類概念，而進於人類理想，實為人類苦心努力的結果，比人格的統一，更為進步。人格的統一，本非自然所賦；由個人努力戰勝種種之衝動與慾念而創造。人類統一的理想，也是由諸民族文化漸進，而漸現於意識，這就是人類的自覺。

歷史的運動，各國民對於統一的人類之理想，將與各個人對於民族與國家之關係等。以內的必然性，因歷史的過程，而建設生活秩序，以發現道德的世界秩序。生於表象的範圍，有學問；生於感情的範圍，有藝術；生於意志的範圍，有人倫；生於行為的範圍，有國家與社會之組織。這些一切文明形式，都是各國民在各時代，超越自己，而創造一種實現人道的系統的。所以人類的自成，就是歷史進步最後的意義。

（三）美感

在倫理學說上，道德生活的全體，總與規定行為的意慾有關係，所以倫理的價值，雖達到理性的世界秩序，仍不能擺脫欲求。因而起一問題：果有不涉欲求的評價麼？有的，不涉欲求的價值，就是美的價值。

美學的概念　用 Ästhetik 為美學意義的，從邦介登[74]起，提出美學上各種主要問題，而加以組織的，是康德的判斷力批評。康德為區別快與善，特與美以「無關心之適意」的特徵；又經失勒與叔本華加以更適切的表示，以「不因於意慾與意志的評價」為美的本質。就事實而論，人的美感常不免與快樂的要素及倫理的要素相接合。進化論中有雌雄淘汰的理論，動物心理上，早已有美感的種子，但純是激刺的性質。至於初民的藝術，或關係魔術，或隸屬宗教，或緣飾特殊風習。就是文明民族間所流行的美術與文學，或有「導欲」「傷風」的流弊；或借為「敬神」「尊主」的助力。又如搜羅美術品的人，也有本於鬥靡誇富的動機，而不是真能領會美意的。但這些都是程度較淺、渾而未畫的狀況。若是最純粹最高尚的美感，哲學上所認為有價值的，當然以超越意慾的境界為標準。例如人的知識，固然有許多是維持生活，佔取利益的作用；然最高的理論，絕不直接應用的，才是哲學上所求的真。真與美都是超越意慾而獨立，康德所以立關係美與自由美的區別，而專取自由美。失勒且特以遊戲證明美的性質。

美的態度之對象，是美的世界。美的世界，又有一特別領域，是藝術世界。於是有自然美與藝術美的區別。而美學也有兩種方法：或由自然美出發，而由此以領略藝術美；或分析藝術，以定美學的概念，而由此理解自然美。第一方向，主論玩賞；第二方向，主論製作；因為藝術美的玩賞，與自然美的玩賞，根本上沒有甚麼區別。哲學者往往不是藝術家；而藝術家又往往不喜歡美學。若由藝術美的玩賞，而理解製作的心理，當然可以類推而普及於美的玩賞之全體。然哲學者的美的思想，由藝術美出發的，往往因藝術種類上興味的偏勝，而美的思想，發生互異的色彩。例如古典的美學家文克曼[75]等以造型美術為主，理想主義哲學如色林、黑格耳等，以文學為主。最後浪漫主義美學，又有偏重音樂趣味的傾向。

與這種差別相錯綜的，是菲息納[76]所提出向下的（由上而下，即演繹法）美學與向上的（由下而上，即歸納法）美學之區別。向下的美學，先假定一原理，而用經驗的事實相印證，有玄學的色彩，自昔哲學家的美學，都用這個方法。向上的美學，是用實驗法求賞鑒的異同，用觀察、比較、統計法，求製作的動機與習慣，因而求得一共通的原理，純用科學的方法，自菲息納以後亦頗盛行。

美的概念，到現在還不能像善的概念之容易證明。向來用興味來形容他，而各人有各人的興味，似乎很明瞭的。然而美感一定要與舒服及合用有分別，所以一定有普遍性。美的普遍性，就是沒有概念。他是純粹對於單一對象的判斷。我們說美，是一種價值的形容詞，不是一種理論的知識，為一種實物，或一種狀態，或一種關係，來規定性質的。康德為要說明美感的超個人性，說是官覺上與理解上兩種認識力的遊戲，而且以形式為限。因為對象的內容，總不免與快樂或道德有關係，所以純粹「無關心」的適意，止能對於形式。形式不是實物所直接給與的，所以美的對象，不是憑感覺所得，而是由想像得來的。而且憑着官覺的直觀與可能理解的綜合之合的性的總效，才得到他的內容。這種合的性，又是專在想像的表象上，才能互相調和。所以在材料的活潑而複雜，與秩序的易簡而明晰上，始能求得恰好的美來。

美感的不同於知識，又不同於道德，就因為他不屬於知覺與意慾而屬於感情。近代心理的美學，所以盛唱「感情移入」的理論。他們說，美感的發生，就是賞鑒的人把自己移在對象方面，生同一可悲可喜的感態。而對象中，能促起這種感態的，就是美，這是心理學上對於美的對象之解說。但這種感情，何以有美學上價值？近日克利湯生於美術的哲學中試為解答，說是對於官覺的衝動與超官覺的衝動的接觸，而發生這種感情。這兩種互相對待的衝動，一是生活的，一是道德的。在康德學說中，就是官覺與理解的對待：兩者互相調和是美，而兩者互相抵觸就是「高」（Erhabene）。照這種理論，人類是徬徨於兩種衝動的中間，美的功用，就是給人類超出官覺的世界而升到超官覺的世界，就是道德的世界。所以這一派的美術哲學，就以美為善的象徵，就在這上面證明超個人的普遍性，是在感情的遊戲。

但是美與善的關係，在「高」的方面，又是一種情形。他不是隸於美，而與美為同等的種類。他的引人由官覺世界而升入超官覺世界，不是美的純粹相，而是美與善的複雜相。照康德的學說，可以說是「關係美」的標本，用以達到最高觀念的。

美與善的關係，康德的大弟子失勒是以「在現象中的自由」為出發點。彼以為美的對象，就是現象中的自由之影子，也能與環境上必然的關係相離絕而自行規定。叔本華也說，美的生活，是以脫因果律而自由觀照為特色。這就是與科學不同的一點：科學完全以因果律為標準，而美的對象，給我們觀照時，可以絕對自由，不要再問到別的。所以自己滿足，是美的真正標記，而適與倫理上的自行規定相應合。

這種自己滿足，當然不是實際而是影子。美術品是當然與其他實物特別，自然美雖不能這樣，然而所取的也止有美的影子。

在不是實質的一點，現代美學有一種幻想論（Illusionstheorie），在各種美術上都可應用，而尤在造型美術與演劇。這是一種有意識的自欺。心神往復於自欺與明知自欺的中間，一切圖演，總是或粗疏的，或精細的，摹擬事實；而這種事實上的佔有心，總是為美的效力所減少，或消滅，而少有被助長的。

由美的標記而觀照物的本體，就是超經驗而進玄學的路徑。失勒所說的自由，就是康德所說的超官覺。美是把超官覺的影子映照在官覺上。若是以柏拉圖的觀念為物的本體，那就如柏拉丁所說的，美是觀念在官覺上的影子。這種意義，從新柏拉圖派經過文藝中興時期，直到英國沙夫茲伯雷的哲學，都沒有改變。德國理想派哲學，隨着康德的批評，又把他重提起來，就中最著特色的，是色林的玄學的美學，就以美術為哲學的工具。他說科學是永遠不絕的在現象上，尋求觀念，然而沒有一次能完全達到的，道德的生活，是永遠不絕的在現象上經營觀念，然而也沒有一次能完全實現的。止有美的觀照，是把觀念完全的映在官覺的現象上。這是「無窮的」完全進入於「有窮的」；這是「有窮的」完全充滿着「無窮的」。這樣看來，他的重心，就是一切人類的著作，在乎於官覺上有窮的不完全狀態上，表現「無窮的」。這是梭爾該[77]之悲劇的傳奇的諷刺論（Theorie des Tragischen und der Romantischen Tronic）所判定的。凡是這一派美的玄學，都是以美術尤是文學為表現觀念的作用。照這個假定，美的玩賞，是與製造美術同一作用，就是在玩賞的想像上製出美的對象來。譬如我們玩賞風景，一定要選擇一個立足點，可以把最美的景，恰好收在視線上。這正與我們畫風景時把線條與色彩組合起來一樣。選擇與組合，在玩賞與製作上都是並重的，所以玩賞者必要有美術家的本質。

美術　美術與他種技術的不同，就是他種技術，都以應用為目的，而美術是沒有的。美術不是日常所必需的，而是閒暇所產生的，與純粹科學一樣。亞利士多德說：「人類超出日常需要的束縛，而造出美與真的世界」，就是此意。希臘哲學家都以摩擬主義說美術。自狄德洛[78]以來直到現代的實證哲學，也持這種理論。他們應用自然主義到美術上，以為與科學一樣；止要能描寫實物，就是求真；所以科學與美術的界限，可以消滅。

美術是離不了摩擬的，因為所取的材料，不論外界的，或內界的生活，都是事實上所可有的。然也不能說全靠摩（模）擬，因為選擇與結構，都是創設的，而這個卻是美的主要點。進一層說，摹擬是一種天性的衝動。照近日社會心理學所說，凡有動物的合群，全以這種天性為基礎。但是這種衝動的達到，也不過與別種衝動的發展，有同等的適意；並沒有特別美學的意義在裏面。至對於摹擬的精巧覺得適意，也不過與別種工作的完成同等。例如畫一顆櫻桃，竟有鳥誤認為真的而來啄他；在大理石女像上刻一條編成的肩巾，竟有人誤認為真的而想取他下來，或者對於所刻的絨衣，試試觸覺；又如音樂上竟可發出斷頭人血滴地上的微聲；這些都的確是技術上名譽心的產品；然而美術品的價值，多於美術的。

摹擬的美術，不能為普遍的固有價值，因為他的價值，是由他所摹擬的而發生。尋常評賞美術的人，往往以美術為輔助知識與道德的作用。失勒的主義也是這樣。就是說美的玩賞，可以使馳逐於官覺衝動的人，經這種超脫意慾的觀照，而引到真與善的最高價值上。所以美術與美的生活，專屬於離絕實物的高等官能，即視覺與聽覺，因沒有肉體上直接的激刺可以參入。這固然是解說美的玩賞之精義，然而應用到摹擬主義上，就止有消極的與預備的功用。他的積極功用，既然在引進道德與智慧，那就沒有自身固有的價值了。

失勒解說美的固有價值，提出遊戲的衝動。近來生物學、心理學家都有詳細的闡發。動物、兒童與初民的遊戲，在進化史上，都可視為美術的先導。舞蹈、歌唱，器具的裝飾，是最早的。後來於無意識中演進，一方面關乎愛情的，為求婚的遊戲；別一方面，關乎合群的，為工人合唱的節奏。這種合唱的節奏，是把日常的工作演成矜貴，而把機動的疲勞轉為清新；所以也有指這種遊戲衝動為職務的衝動的。因為他的滿足，是一種純粹的愉快，並沒有相隨的目的，也沒有嚴正的意義，但並不是一切遊戲，都自有美的意義，若要問那一種遊戲的內容，是具有美的價值的，那一定是真正事實的影子，就是以生活狀況為模範的。只要看兒童遊戲，都是摩擬成人的生活，然而不至使成人有切身利害的感想。所以遊戲上，摩擬人類最有價值的生活而使觀賞者超然於切身的利害，這是最有價值的。而美的遊戲，就是把最深最高的實際生活，映照在對面。因而一切美術，就是以遊戲的作用，自行表現，而且自身就是被表現的。所以克洛司[79]說：美術是用直覺上所自給的發表出來。而這種沒有目的之發表，是得到最純粹、最完備的生活之影子。所以紀約說：美術的意義，是我們所認識最向上的生活。因而我們所說超越事實之美的對象，可以求出本來意義，就是一切理想化、格式化的，都歸宿於自身的生活，而用純粹與完備的表示，映照到官覺的現象上。

天才　凡美術上有特別創造力的，叫作天才。天才的定義，屢有改變。其初是指一種美術家，他的著作，可以為學者模範，作批評家的標準的。進一步的，就知道天才是不按普通規則而自有新與美的創造的。到康德的最深觀察，天才是一種智慧，他的作用與自然相等。這就是說，一方面是內界的必然性，又一方面是無目的之合的性，而在一個美的人格之組織力上相遇合。內界的必然性是衝動，而無目的之合的性是能力。衝動與能力相結合。而始成為天才。有衝動而沒有能力，是美術家的厄運。能力的制限，不是用工與努力所能打破，因為美術的創造力，往往潛伏在無意識中。所以美術家常常反對理論與哲學，因為這些都不能幫助他，而或者反攪擾他。止有我們不能不考察他們的性質與工作，以構成概念，而排列在美術品的共通關係上。但是我們也常常覺着美術家的創造工作上，有不能明白表示的。

色林因康德的定義，而用無意識的意識來說明天才，是很巧妙的。美術家的著作，往往是無意識與有意識互相錯綜，沒有可以用定理來說明的。美術家一定要本着自己表現的衝動來着手，幾乎不能自主的。從這種無意識的根據上投到意識，才有他的作品。然而當他實現一種作品的時候，又是從無意識中潮湧出來。與創作並行的，有冷靜，有意識的批評；然這個斷不能作積極的指導，也只能作為由無意識的生活根本上偶得的妙想。近來盛行「天才與狂疾為緣」論，要也不過是無意識與有意識錯綜的作用罷了。

第五编　結論

以上各編，已把哲學上論理、倫理、美學三方面的關係，陳述大概。論理學方面，純用概念。美學方面，純用直觀。倫理學方面，合用兩者。隸於功利論的，由概念，是有意識的道德；超乎功利的，由直觀，是無意識的道德。自叔本華主張意志論，以萬有無非意志；而昔之智力論，遂為之屈服。故人生哲學，以至善為依歸，自是顛撲不破的見解。但叔本華的厭世觀，以美的直觀為達到道德的作用，而排斥根本概念的知識。近如柏格森的直覺哲學，也有以知識為停滯的意識之說。此等申直觀而斥概念，正與黑格耳一派申概念而黜直觀，同為一偏的見解。平心而論，哲學是人類精神的產物，決沒有偏取一方面而排斥他方面之理；以倫理為中堅，而以論理與美學為兩翼，這才是最中正哲學。

也有人以精神三方面的統一為屬於宗教的。但宗教不過哲學的初階，哲學發展以後，宗教實沒有存在的價值。追溯宗教的發生，實起於應時勢而挺出的哲學家。例如摩西定十誡，不過如大禹的述洪範九疇；印度《韋馱經》述四階級，不過如柏拉圖的《共和國》裏面說三階級；阿拉伯察拉士司脫拉[80]立二元教，主張以光明戰勝黑暗，不過如《周易》的說陰陽。然而摩西的教義，到耶穌而革命；韋馱經的教義，到佛陀而革命；阿拉伯的教義，到謨罕默德而革命。這就是哲學發展的公例。耶穌的態度，很像蘇格拉底；佛陀的態度，很像托爾斯泰[81]；謨罕默德的態度，很像尼采；也不過一種哲學家表觀個性的慣例，毫沒有神奇可言。至於一切附會的神話，正如中國孔子，是個最確實的人物，而讖緯中也有許多怪誕的附會，也不足據為宗教家的特色。

宗教所以與哲學殊別的緣故，由於有教會。教會是以包攬真善美三者為職業，死守着舊的教義，阻新的發展。所以哲學的改革極易，而已成宗教的哲學，改革極難，甚至釀成戰爭。

宗教雖有死守舊義的教會，要包攬真善美事業，然而學術發達以後，包攬的作用，漸漸為人所窺破，不能不次第淘汰。最先淘汰的是知識方面。如蓋律雷的被迫，白儒諾[82]的被焚，就是新知識與教會舊知識戰爭的開幕。以後科學逐漸發展，經過十八世紀惟物論、十九世紀生物進化論時代，宗教上壟斷知識的舊習慣，已經完全打破。行為方面，宗教所主張的，是他律說，本不如自律說的有力；經斯賓塞爾說進化的道德，尼采區別主人道德與奴隸道德，紀約主張無強迫與無懲罰的道德，宗教上壟斷道德的習慣，也就失了信用。現今宗教社會所以還能維持，全恃他與美術的關係。我們考初民美術，如音樂、舞蹈與身體上器具上的飾文，很少不含有宗教的意義。而現有的宗教，也沒有不帶着美術的作用。例如集會的建築，陳列的雕刻與圖畫，演奏的樂歌，以至經典的文學，教士的雄辯，祈禱的儀式，都有美的作用，所以還有吸引信徒的能力。而且不但外形上關係這樣密切，就是照主義上說，宗教的最高義，在乎於有窮世界接觸無窮世界，而前述色林之美的觀念說，所謂無窮的完全進入於有窮的，有窮的完全充滿着無窮的；乃正是這種作用。所以宗教的長處，完全可以用美術替代他。而美術上有「日日新，又日新」的歷史，與常新的科學及道德相隨而進化，這不是宗教所能及的。

哲學自疑入，而宗教自信入。哲學主進化，而宗教主保守。哲學主自動，而宗教主受動。哲學上的信仰，是研究的結果，而又永留有批評的機會；宗教上的信仰，是不許有研究與批評的態度。所以哲學與宗教是不相容的。世人或以哲學為偏於求真方面，因而疑情意方面，不能不借宗教的補充；實則哲學本統有知情意三方面，自成系統，不假外求的。

附：譯名檢對表

四畫	牛頓	Newton
	孔德	August Comte
	文克曼	Winckelmann
五畫	尼哥拉斯·庫沙奴	Nicholaus von Kues
	尼采	Nietzsche
	加伯尼	Cabanis
	白儒諾	Bruno
六畫	安納西門特	Anaximender
	安納西米尼斯	Anaximenes
	安納撒哥拉斯	Anaxagoras

安斯坦	Einstein
休謨	Hume
伊壁鳩魯	Epicurus
色林	Schelling
西利馬吉爾	Schleiermacher
托爾斯泰	Leo Tolstoy
伏脫	Vogt

七畫

希拉克里泰	Heraclitus
步息納	Büchner
邦介登	Baumgarten
克利湯生	Christane
克洛司	Benedetto Croce
狄德洛	Diderot

八畫

亞利士多德	Aristoteles
來勃尼茲	Leibniz

九畫

拉美得里	La Mettrie
呵爾拜赫	Holbach
阿斯凡德	Ostwald
柏拉圖	Plato
柏拉丁	Platin
洛克	Locke
洛采	Lotze
屋幹	Occam
勃克萊	Berkeley
勃魯舍	Broussais
哈脫曼	Hartmann
紀約	Guyau

十畫

泰利士	Thales
恩比多立	Empedocles
海巴脫	Herbart

海克爾 Haeckel

埃利亞 Ercat

都林 Dühring

馬赫 Mach

十一畫

畢泰哥拉 Pythagoras

培根 Bacon

笛卡兒 Descartes

康德 Kant

康地拉 Condillac

基希呵甫 Kirchhoff

梭爾該 Solger

十二畫

斯密 Adam Smith

斯賓塞爾 Spencer

斯賓諾莎 Spinoza

斯多亞 Stoik

斯托斯 Strauss

馮德 Wundt

費息脫 Fichte

黑格耳 Hegel

奧古斯丁 Augustine

菲息納 Fechner

十三畫 達爾文 Darwin

葛令克 Geulincx

十四畫 蓋律雷 Galilei

據蔡元培《簡易哲學綱要》，商務印書館一九二四年八月出版。

註釋

1 此書被列為「現代師範教科書」之一。

2 文得而班：Wilhelm Windelband，德國哲學家，著有《哲學史教程》、《哲學導論》等，今譯文德爾班。

3 宮本和吉：Wakichi Miyamoto，日本哲學家。

4 泰利士：Thalēs，古希臘思想家、科學家、哲學家，被尊為「科學和哲學之祖」，今譯泰勒斯。

5 安納西門特：Anaximander，古希臘天文學家、自然哲學家，今譯阿那克西曼德。

6 安納西米尼斯：Anaximenes，古希臘自然哲學家，今譯阿那克西美尼。

7 柏拉圖：Plato，古希臘哲學家，蘇格拉底的學生，西方客觀唯心主義的創始人。

8 亞利士多德：Aristotle，古希臘哲學家、科學家、教育家，柏拉圖的學生，百科全書式的學者，今譯亞里士多德。

9 畢泰哥拉：Pythagoras，古希臘哲學家、數學家，今譯畢達哥拉斯。

10 希拉克里泰：Heraclitus，古希臘哲學家，辯證法的奠基人之一，今譯赫拉克利特。

11 恩比多立：Empedocles，古希臘哲學家，原子唯物論的先驅，今譯恩培多克勒。

12 安納撒哥拉斯：Anaxagoras，古希臘哲學家，今譯阿那克薩哥拉。

13 哲人派：Sophists，公元前五世紀至公元前四世紀希臘一批以教師為職業的哲學家的統稱，在認識論方面持感覺主義、相對主義、懷疑主義的觀點，今譯智者學派。

14 蘇格拉底：Socrates，古希臘思想家、哲學家、教育家，注重對「人」本身的認識與研究，對其後的西方哲學影響巨大。

15 羅素：Bertrand Russell，英國哲學家、數學家、邏輯學家和歷史學家，是二十世紀西方最有影響的學者與社會活動家之一。

16 牛頓：Isaac Newton，英國著名物理學家，百科全書式的學者，著有《自然哲學的數學原理》、《光學》。

17 安斯坦：Albert Einstein，德國物理學家，相對論的建立者，量子力學的創立者之一，今譯愛因斯坦。

18 達爾文：Charles Darwin，英國生物學家，進化論的奠基人。

19 海克爾：Ernst Haeckel，德國博物學家、哲學家，在達爾文建立的基礎上繼續完善了進化論。

20 孔德：Auguste Comte，法國哲學家、社會學家，實證主義的創始人。

21 斯賓塞爾：Herbert Spencer，英國哲學家、社會學家，社會達爾文主義的創始人，今譯斯賓塞。

22 厲希脱：Richter，德國化學家、數學家，今譯里希特。

23 培根：Francis Bacon，英國哲學家，主張唯物主義經驗論，被稱為「實驗科學的真正始祖」。

24 笛卡兒：René Descartes，法國哲學家、物理學家、數學家，近代哲學的奠基人之一，今譯笛卡爾。

25 洛克：John Locke，英國哲學家，經驗主義者，主張「社會契約論」，啓蒙時代最有影響的思想家。

26 來勃尼茲：Gottfried Leibniz，德國哲學家、數學家，主張「單子論」，認為終極的實在是一種不佔空間、不可分的「單子」，今譯萊布尼茨。

27 康德：Immanuel Kant，德國思想家、哲學家、天文學家，德國古典哲學的創始人。

28 洛采：Rudolf Herman Lotze，德國哲學家，被稱為「價值哲學之父」。

29 休謨：David Hume，英國哲學家、啓蒙思想家、經濟學家、歷史學家，主張懷疑主義。

30 伊壁鳩魯：Epicurus，古希臘哲學家，認為「快樂就是善」，主張快樂主義。

31 屋幹：William of Ockham/Occam，英國哲學家、啓蒙思想家，主張唯名論，今譯奧康的威廉或威廉・奧康。

32 康地拉：Étienne Bonnot de Condillac，法國哲學家、啓蒙思想家，創立了感覺主義心理學體系，今譯孔狄亞克。

33 漢末呵茲：Hermann von Helmholtz，德國物理學家、數學家、生理學家，發現了能量守恆定律，主張世界是物質的、守恆的，持機械唯物主義觀點，今譯赫爾姆霍茨或亥姆霍茲。

34 海巴脫：Johann Friedrich Herbart，德國哲學家、心理學家，科學教育學的創始人，今譯赫爾巴特。

35 馮德：Wilhelm Maximilian Wundt，德國心理學家、哲學家，構造主義心理學的代表，今譯馮特。

36 德謨克利泰：Democritus，古希臘哲學家，原子論的創始人之一，今譯德謨克利特。

37 勃克萊：George Berkeley，英國哲學家，主觀唯心主義者，是近代經驗主義的重要代表，今譯貝克萊。

38 斯賓諾莎：Baruch de Spinoza，荷蘭哲學家，理性主義者，哲學上持一元論與決定論觀點。

39 費息脱：Johann Gottlieb Fichte，德國哲學家，德國唯心主義哲學的主要奠基人之一，今譯費希特。

40 色林：Friedrich Wilhelm Joseph von Schelling，德國哲學家，客觀唯心主義者，今譯謝林。

41 黑格耳：Georg Wilhelm Friedrich Hegel，德國哲學家，德國古典哲學的集大成者，今譯黑格爾。

42 西利馬吉爾：Friedrich Daniel Ernst Schleiermacher，德國哲學家、語文學家、神學家，普遍詮釋學的開創者，今譯施萊爾馬赫。

43 斯多亞派：Stoicism，古希臘哲學派別，由哲學家芝諾（Zeno）創立，因在雅典集會廣場的廊苑（Stoic）講學得名，主張世界理性決定事物的發展變化，今譯斯多葛派。

44 尼哥拉斯．庫沙奴：Nicholaus von Kues，德國哲學家，主張對立統一和認識的漸進性，是德國古典唯心主義辯證法的前驅，今譯庫薩的尼古拉。

45 埃利亞學派：Eleatic School，古希臘哲學派別，主張世界的本原是唯一的、永恒不變的。

46 柏拉丁：疑即普羅提諾。古羅馬帝國唯心主義哲學家，思想蘊含濃厚的宗教神秘主義成份，作者稱其為「中世紀神秘派」，或有誤。

47 柏格森：Henri Bergson，法國哲學家。

48 叔本華：Arthur Schopenhauer，德國哲學家，非理性主義哲學的創始人。

49 霍布士：Thomas Hobbes，英國哲學家、政治學家，機械唯物主義者和經驗主義者，今譯霍布斯。

50 拉美得里：Julien Offray de La Mettrie，法國哲學家、醫學家，主張人的精神活動決定於人的機體組織，今譯拉美特利。

51 加伯尼：Pierre Jean Georges Cabanis，法國思想家，庸俗唯物主義的代表人物，今譯卡巴尼斯。

52 勃魯舍：法國哲學家，今譯布魯賽。

53 伏脫：Karl Christoph Vogt，德國哲學家、自然科學家，庸俗唯物主義的代表人物，今譯福格特。

54 摩爾沙脫：J. Moleschott，荷蘭生理學家、哲學家，庸俗唯物主義的代表之一，今譯摩萊肖特。作者稱其為德國學者，有誤。

55 福拔希：Ludwig Andreas von Feuerbach，德國哲學家，形而上學的唯物主義者，今譯費爾巴哈。

56 步息納：Karl Georg Büchner，德國醫師、哲學家，庸俗唯物主義者，今譯畢希納。

57 都林：Eugen Karl Dühring，德國哲學家、經濟學家，在哲學上持折衷主義的觀點，今譯杜林。

58 斯托斯：David Friedrich Strauss，德國哲學家，著有《舊信仰與新信仰》，今譯施特勞斯。

59 呵爾拜赫：Paul-Henri Thiry, Baron d'Holbach，法國啓蒙思想家，哲學家，無神論者，今譯霍爾巴赫。

60 阿斯凡德：Wilhelm Ostwald，德國化學家、自然哲學家，今譯奧斯瓦爾德。

61 奧古斯丁：Aurelius Augustine，古羅馬帝國哲學家，基督教哲學的確立者，被稱為「聖奧古斯丁」。

62 蓋律雷：Galileo Galilei，意大利數學家、物理學家、天文學家，今譯伽利略。

63 葛令克：Arnold Geulincx，佛蘭德斯（Flanders）哲學家，今譯格林克斯。

64 基希呵甫：Gustav Robert Kirchhoff，德國物理學家，今譯基爾霍夫。

65 馬赫：Ernst Mach，奧地利物理學家、哲學家，經驗批判主義的創始人之一。

66 亞利士多分：Aristophanes，希臘喜劇家，主張從身體感覺中得到快樂，今譯阿里斯托芬。

67 沙夫茲伯雷：Shaftesbury，英國哲學家，道德情感主義的創始人，今譯沙夫茨伯里。

68 聖西門：Henri de Saint-Simon，法國哲學家、經濟學家、空想社會主義者。

69 紀約：Jean-Marie Guyau，法國哲學家，倡導生命道德學說，今譯居約。

70 尼采：Friedrich Wilhelm Nietzsche，德國哲學家，西方現代哲學的創始人。

71 失勒：Egon Schiele，德國詩人、哲學家、作家，今譯席勒。

72 赫金生：Francis Hutcheson，英國哲學家，今譯哈奇森。

73 斯密：Adam Smith，英國哲學家、經濟學家，古典經濟學的創立者。

74 邦介登：Alexander Gottlieb Baumgarten，德國哲學家、美學家、教育學家，今譯鮑姆加登。

75 文克曼：Johann Joachim Winckelmann，德國考古學家、藝術學家，今譯溫克爾曼。

76 菲息納：Gustav Theodor Fechner，德國物理學家、哲學家、心理學家，哲學上主張唯心主義泛靈論，今譯費希納。

77 梭爾該：德國哲學家、美學家，今譯索爾格。

78 狄德洛：Denis Diderot，法國啓蒙思想家、唯物主義哲學家、作家，百科全書派的代表人物，今譯狄德羅。

79 克洛司：Benedetto Croce，意大利文藝批評家、歷史學家、哲學家，今譯克羅齊。

80 察拉土司脫拉：Zoroaster / Zaraθuštra，拜火教創始人，今譯瑣羅亞斯德。

81 托爾斯泰：Leo Tolstoy，俄國作家，主張「道德的自我完善」和「博愛」，反對以暴制暴。

82 白儒諾：Giordano Bruno，意大利思想家、自然科學家、哲學家，主張宇宙無限說與日心說，今譯布魯諾。

五十年來中國之哲學

中國哲學，可以指目的，止有三時期：

一是周季，道家、儒家、墨家等，都用自由的思想，建設有系統的哲學，等於西洋哲學史中希臘時代。

二是漢季至唐，用固有的老莊思想，迎合印度宗教。譯了許多經論，發生各種宗派。就中如華嚴宗、三論宗、禪宗、天台宗等，都可算宗教哲學。

三是宋至明，採用禪宗的理想，來發展儒家的古義。就中如陸王派，雖敢公然談禪，勝似程朱派的拘泥，但終不敢不借儒家作門面。所以這一時期的哲學，等於歐洲中古時代的煩瑣哲學。

從此以後，學者覺得宋明煩瑣哲學，空疏可厭；或又從西方教士，得到數學、名學的新法，轉而考證古書，不肯再治煩瑣的哲學，乃專治更為煩瑣之古語學、古物學等。不直接治哲學，而專為後來研究古代哲學者的預備。就中利用此種預備，而稍稍着手於哲學的，惟有戴震，他曾著《孟子字義疏證》與《原善》兩書，頗能改正宋明學者的誤處。戴震的弟子焦循著《孟子正義》、《論語通釋》等書，阮元著《性命古訓》、《論語論仁論》等篇，能演戴震家法，但均不很精深。這都是五十年以前的人物。

最近五十年，雖然漸漸輸入歐洲的哲學，但是還沒有獨創的哲學。所以嚴格的講起來，「五十年來中國之哲學」一語，實在不能成立。現在只能講講這五十年中，中國人與哲學的關係，可分為西洋哲學的介紹與古代哲學的整理兩方面。

五十年來，介紹西洋哲學的，要推侯官嚴復為第一。嚴氏本到英國學海軍，但是最擅長的是數學。他又治論理學、進化論兼涉社會、法律、經濟等學。嚴氏所譯的書，大約是平日間研究過的。譯的時候，又旁引別的書，或他所目見的事實，作為案語，來證明他。他的譯文，又都是很雅馴，給那時候的學者，都很讀得下去。所以他所譯的書，在今日看起來，或嫌稍舊；他的譯筆，也或者不是普通人所易解。但他在那時候選書的標準，同譯書的方法，至今還覺得很可佩服的。

他譯的最早、而且在社會上最有影響的，是赫胥黎[1]的《天演論》（Huxley: *Evolution and Ethics and other Essays*）。自此書出後，「物競」、「爭存」、「優勝劣敗」等詞，成為人人的口頭禪。嚴氏在案語裏面很引了「人各自由，而以他人之自由為界。」「大利所在，必其兩利」等格言。又也引了斯賓塞爾最樂觀的學說。大家都不很注意。

嚴氏於《天演論》外，最注意的是名學。彼所以譯 Logic 作名學，因周季名家辨堅白異同與這種學理相近。那時候墨子的《大取》、《小取》、《經》、《經說》幾篇，荀子的《正名》篇也是此類。後來從印度輸入因明學，也是此類。但自詞章盛行，名學就沒有人注意了。嚴氏覺得名學是革新中國學術最要的關鍵。所以他在《天演論》自序及其他雜文中，常常詳說內籀外籀的方法。他譯穆勒[2]的《名學》（Johu Stuart Mill: *System of Logic*），可惜止譯了半部。後來又譯了耶芳斯[3]《名學淺說》（W. S. Jevons: *Logic*），自序道：「不佞於庚子、辛丑、壬寅間曾譯《名學》半部，經金粟齋刻於金陵，思欲賡續其後半，乃人事卒卒，又老來精神萎短，憚用腦力。而穆勒書，深博廣大，非澄思渺慮，無以將事，所以尚未逮也。戊申孟秋，浪跡津沽，有女學生旌德呂氏諄求授以此學。因取耶芳斯《淺說》，排日譯示講解，經兩月成書。」可以見嚴氏譯穆勒書時，是很審慎的，可惜後來終沒有譯完。

嚴氏所最佩服的，是斯賓塞爾的群學。在民國紀元前十四年，已開譯斯氏的《群學肄言》（H. Spencer: *Study of Sociology*），但到前十年才譯成。他的自序說：「其書……飭戒學者以誠意正心之不易，既已深切著明。而於操枋者一建白措注之間，輒為之窮事變，極末流，使功名之徒，失步變色，俛焉知格物致知之不容已。乃竊念近者吾國以世變之殷，凡吾民前者所造因皆將於此食其報，而淺譾剽疾之士，不悟其從來如是之大且久也。輒攘臂疾走，謂以旦暮之更張，將可以起衰，而以與勝我抗也。不能得。又搪撞號呼，欲率一世之人，與盲進以為破壞之事。顧破壞宜矣，而所建設者，又未必其果有合也，則何如稍審重而先咨於學之為愈乎。」蓋嚴氏譯這部書，重在糾當時政客的不學。同時又譯斯密的《原富》（A. Smith: *Inquiry into the Nature and Causes of the Wealth of Nations*）以傳布經濟哲學。譯孟德斯鳩[4]的《法意》（C. D. S. Montesquieu: *Spirit of Law*），以傳播法律哲學。彼在《原富》的凡例說：「計學以近代為精密，乃不佞獨有取於是書，而以為先事者：蓋溫故知新之義，一也。其中所指斥當軸之迷謬，多吾國言財政者之所同然，所謂從其後而鞭之，二也。其書於歐亞二洲始通之情勢，英法諸國舊日所用之典章，多所篡引，足資考鏡，三也。標一公理，則必有事實為之證喻，不若他書，勃窣理窟，潔淨精微，不便淺學，四也。」可以見他的選定譯本，不是隨便的。

嚴氏譯《天演論》的時候，本來算激進派，聽說他常常說「尊民叛君，尊今叛古」八個字的主義。後來他看得激進的多了，反有點偏於保守的樣子。他在民國紀元前九年，把他四年前舊譯穆勒的 *On Liberty* 特避去「自由」二字，名作《群己權界論》。又為表示他不贊成漢人排滿的主張，譯了一部甄克思[5]的《社會通詮》（E. Jenks: *History of Politics*），自序中說「中國社會，猶然一宗法之民而已」。

嚴氏介紹西洋哲學的旨趣，雖然不很徹底，但是他每譯一書，必有一番用意。譯得很慎重，常常加入糾正的或證明的案語。都是很難得的。

《天演論》出版後，「物競」、「爭存」等語，喧傳一時，很引起一種「有強權無公理」的主張。同時有一種根據進化論，而糾正強權論的學說，從法國方面輸進來，這是高陽李煜瀛發起的。李氏本在法國學農學，由農學而研究生物學，由生物學而研究拉馬爾克[6]的動物哲學，又由動物哲學而引到克魯巴金[7]的互助論。他的信仰互助論，幾與宗教家相像。民國紀元前六年頃，他同幾個朋友，在巴黎發行一種《新世紀》的革命報，不但提倡政治革命，也提倡社會革命，學理上是以互助論為根據的。盧騷[8]與伏爾泰[9]等反對強權反對宗教的哲學，紀約的自由道德論，也介紹一點。李氏譯了拉馬爾克與克魯巴金的著作，在《新世紀》發表。雖然沒有譯完，但是影響很大。李氏的同志如吳敬恒、張繼、汪精衛等，到處唱自由，唱互助，至今不息，都可用《新世紀》作為起點。

嚴、李兩家所譯的，是英、法兩國的哲學（惟克魯巴金是俄國人，但他的《互助論》，是在英國出版的），同時有介紹德國哲學的，是海寧王國維。王氏關於哲學的文詞，在《靜庵集》中。他的自序說：「余之研究哲學，始於辛、壬之間（民國紀元前十一年、十年間）。癸卯春，始讀汗德10之《純理批評》，苦其不可解，讀幾半而輟。嗣讀叔本華之書而大好之。自癸卯之夏以至甲辰之冬，皆與叔本華之書為伴侶之時代也。所尤愜心者，則在叔本華之知識論，汗德之說，得因之以上窺。然於其人生哲學觀，其觀察之精銳，與認論之犀利，亦未嘗不心怡神釋也。後漸覺其有矛盾之處。去夏所作《紅樓夢評論》，其立論雖全在叔氏之立腳地，然於第四章內，已提出絕大之疑問。旋悟叔氏之說，半出於其主觀的性質，而無關於客觀的知識；此意於《叔本華與尼采》一文中始暢發之。今歲之春（紀元前七年），復返而譯汗德之書。嗣今以後，將以數年之力，研究汗德。他日稍有所進，取前說而譯之，亦一快也。」可以見王氏得力處，全在叔氏，所以他有《叔本華之哲學及教育學說》一篇，謂「汗德憬然於形而上學之不可能，而欲以知識論易形而上學。……叔氏始由汗德之知識論出，而建設形而上學，復與美學、倫理學以完全之系統。……

叔氏曰：『我之為我，其現於直觀中時，則塊然空間及時間中之一物，與萬物無異。然其現於反觀時，則吾人謂之意志而不疑也。而吾人反觀時，無知力之形式行乎其間，故反觀時之我，我之自身也。然則我之自身，意志也。而意志與身體，吾人實視為一物，故身體者可謂之意志之客觀化，即意志之入於知力之形式中者也。吾人觀我時得由此二方面，而觀物時，只由一方面，即惟由知力之形式中觀之。故物之自身，遂不得而知。然由觀我之例推之，則一切物主自身，皆意志也』。……古之言形而上學者，皆主知論，至叔本華而唱主意論。……叔氏更由形而上學，進而說美學。夫吾人之本質，既為意志矣。而意志之所以為意志，有一大特質焉，曰生活之欲。何則?生活者，非他，不過自吾人之知識中所觀之意志也。……圖個人之生活者，更進而圖種姓之生活。……於是滿足與空乏，希望與恐怖，數者如環無端，而不知其所終。……唯美之為物，不與吾人之利害相關係。而吾人觀美時，亦不知有一己之利害。……不視此物為與我有利害之關係，而但觀其物，則此物已非特別之物，而代表其物之全種，叔氏謂之曰實念。故美之知識，實念之知識也。……美之對吾人也，僅一時之救濟，而非永遠之救濟，此其倫理學上之拒絕意志之說，所以不得已也。……從叔氏之形而上學，則人類於萬物，同一意志之發現也。其所以視吾人為一個人，而與他人物相區別者，實由知力之藪。夫吾人之知力，既以空間、時間為其形式矣，故凡現於知力中者不得不複雜。既複雜矣，不得不分彼我。故空間、時間二者，……個物化之原理也。……若一旦超越此個物化之原理，而認人與己皆此同一之意志，知己所弗欲者，人亦弗欲之，各主張其生活之欲而不相侵害，於是有正義之德。更進而以他人之快樂為己之快樂，他人之苦痛為己之苦痛，於是有博愛之德。於正義之德中，己之生活之欲，已加以限制，至博愛則其限制又加甚焉。故善惡之別，全視拒絕生活之欲之程度以為斷。其但主張自己之生活之欲，而拒絕他人之生活之欲者，是謂過與惡。主張自己，亦不拒絕他人者，謂之正義。稍拒絕自己之欲以主張他人者，謂之博愛。然世界之根本，以存於生活之欲之故，故以苦痛與罪惡充之。而在主張生活之欲以上者，無往而非罪惡。故最高之善，存於滅絕自己生活之欲，且使一切物，皆滅絕此欲，而同入於涅槃之境。」此叔氏倫理學上最高之理想也。

「至叔氏哲學全體之特質，最重要者，出發點在直觀，而不在概念是也。」

「彼之哲學，既以直觀為唯一之根據，故其教育學之議論，亦皆以直觀為本。……叔氏謂直觀者，乃一切真理之根本，惟直接間接與此相聯絡者始得為真理，而去直觀愈近者，其理愈真。若有概念雜乎其間，則欲其不罹虛妄，難矣。如吾人持此論以觀數學，則歐幾里得[11]之方法，二千年間所風行者，欲不謂之乖謬，不可得也。……叔氏於教育之全體，無所往而不重直觀。故其教育上之意見，重經驗而不重書籍。……而美術之知識，全為直觀之知識，而無概念雜乎其間，故叔氏之視美術也，尤重於科學。」

王氏又有《書叔本華遺傳說後》一篇，駁叔氏「吾人之性質好尚，自父得之，而知力之種類及程度，由母得之」的說明。又對《釋理》及《紅樓夢評論》，皆用叔氏哲學作根據，對於叔氏的哲學，研究固然透徹，介紹也很扼要。

王氏又作《叔本華與尼采》一篇，說明尼采與叔本華的關係。尼采最初極端地崇拜叔本華，其後乃絕端與之反對，最為可異。王氏此文，專為解決這個問題起見。他說：「二人以意志為人性之根本也同，然一則以意志之滅絕，為其倫理學之理想，一則反是。一則由意志同一之假說，而唱絕對之博愛主義；一則唱絕對之個人主義。……尼采之學說，全本於叔氏。其第一期之說，即美術時代之說，全負於叔氏，固不待言。第二期之說，亦不過發揮叔氏之直觀主義。其第三期之說，雖若與叔氏反對，然要之不外乎以叔氏之美學上之天才論，應用於倫理學而已。……叔氏謂吾人之知識，無不從充足理由之原則者，獨美術之知識則不然。其言曰：『美術者，離充足理由之原則而觀物之道也。……天才之方法也。』……尼采乃推之於實踐上，而以道德律之於個人，與充足理由之於天才，一也。……由叔本華之說，最大之知識，在超絕知識之法則。由尼采之說，最大之道德，在超絕道德之法則。……尼采由知之無限制說，轉而唱意之無限制說。其《察拉圖斯德拉》第一篇中之首章，述靈三變之說，言『靈魂變為駱駝，由駱駝而變為獅，又由獅而變為赤子，……獅子之所不能為，而赤子能之者何？赤子若狂也，若忘也，萬事之原泉也，遊戲之狀態也，自轉之輪也，第一之運動也，神聖之自尊也』。使吾人回想叔本華之《天才論》曰：『天才者，不失其赤子之心者也。……赤子，能感也，能思也，能教也。……彼之知力，盛子意志。知力之作用，遠過於意志之所需要。故自某方而觀之，凡赤子，皆天才也。又凡天才自某點觀之，皆赤子也。』……叔氏於其倫理說，及形而上學，所視為同一意志之發現者，於知識論及美學上，則分為種種之階級。彼於其大著述第一書之補遺中，說知力上之貴族主義。……更進而立大人與小人之區別。……對一切非天才而加以種種之惡謚：曰俗子，曰庸夫，曰庶民，曰輿台，曰合死者。尼采則更進而謂之曰眾生，曰眾庶。其所異者，惟叔本華謂知力上之階級，惟由道德聯結之。尼采則謂此階級，於知力道德，皆絕對的而不可調和者也。叔氏以持知力的貴族主義，故於倫理學上雖獎卑屈之行，而於其美學上大非謙遜之德。尼采《小人之德》一篇中，惡謙遜。……其為應用叔氏美學之說於倫理學上，昭然可觀。……叔本華與尼采，性行相似，知力之偉大相似，意志之強烈相似。其在叔本華，世界者，吾之觀念也。於本體之方面，則曰世界萬物，其本體皆與吾人之意志同，而吾人與世界萬物，皆同一意志之表現也，自他方而言之，世界萬物之意志，皆吾之意志也。於是我所有之世界，自現象之方面而擴於本體之方面。而世界之在我，自知力之方面而擴於意志之方面。然彼猶以有今日之世界為不足，更進而求最完全之世界。故其說雖以滅絕意志為歸，而於其大著第四篇之末，仍反覆滅不終滅，寂不終寂之說。被之說博愛也，非愛世界也，愛其自己之世界而已，其說滅絕也，非真欲滅絕也，不滿足今日之世界而已。……彼之形而上學之需要在此，終身之慰藉在此。……若夫尼采，以奉實證哲學，故不滿於形而上學之空想。而其勢力炎炎之欲，失之於彼岸者，欲恢復之於此岸，失之於精神者，欲恢復之於物質。……彼效叔本華之天才，而說超人，效叔本華之放棄充足理由之原則，而放棄道德。高視闊步，而恣其意志之遊戲。宇宙之內，有知意之優於彼，或足以束縛被之知意者，彼之所不喜也，故彼二人者，其執無神論，同也。其唱意志自由論，同也。……其所趨雖殊，而性質則一。彼之所以為此說者，無他，亦聊以自慰而已。……《列子》曰：『周之尹氏大治產，其下趣役者，侵晨昏而弗息。有老役夫，筋力竭矣，而使之彌勤。晝則呻吟而即事，夜則昏憊而熟寐。昔夢為國君，居人民之上，總一國之事，遊燕宮觀。恣意所欲。覺則復役。』叔氏之天才之苦痛，其役夫之晝也。美學上之貴族主義，與形而上學之意志同一論，其國君之夜也。尼采則不然，彼有叔本華之天才，而無其形而上學之信仰，晝亦一役夫，夢亦一役夫，於是不得不弛其負擔，而圖一切價值之顛覆。舉叔氏夢中所以自慰者，而欲於晝日實現之，此叔本華之說所以尚不反於普通之道德，而尼采則肆其叛逆而不憚者也。此無他，彼之自慰藉之道，固不得不出於此也。」

王氏介紹叔本華與尼采的學說，固然很能扼要，他對於哲學的觀察，也不是同時人所能及的，彼作《論哲學家與美術家之天職》一篇，說：「天下有最神聖最尊貴而無與於當世之用者，哲學與美術是已。天下之人，囂然謂之曰『無用』，無損於哲學美術之價值也。至為此學者，自忘其神聖之位置，而求以合當世之用，於是二者之價值失。……且夫世之所謂有用者，孰有過於政治家實業家者乎？世人喜言功用，吾姑以功用言之。夫人之所以異於禽獸者，豈不以其有純粹之知識，與微妙之感情哉？至於生活之欲，人與禽獸無以或異。後者，政治家及實業家之所供給。前者之慰藉滿足，非求諸哲學及美術不可。就其所貢獻於人之事業言之，其性質之貴賤，固以殊矣。至於其功效之所及言之，則哲學家與美術家之事業，雖千載以下，四海以外，苟其所發明之真理（哲學）與其所表之記號（美術）之尚存，則人類之知識感情，由此而得其滿足慰藉者，曾無以異於昔。而政治家及實業家之事業，其及於五世、十世者希矣。此久暫之別也。然則人而無所貢獻於哲學、美術，斯亦已耳。苟為真正之哲學家、美術家，又何慊乎政治家哉？披我中國之哲學史，凡哲學家無不欲為政治家者，斯可異已。孔、墨、孟、荀，漢之賈、董，宋之張、程、朱、陸，明之羅、王無不然。……夫然，故我國無純粹之哲學。其最完備者，唯道德哲學與政治哲學耳。至於周、秦、兩宋之形而上學，不過欲固道德哲學之根底；其對形而上學，非有固有之興味也。其於形而上學且然，況乎美學、名學、知識論等，冷淡不急之問題哉？」又作《教育偶感》四則，中有《大學及優級師範學校之削除哲學科》說：「奏立學堂章程，張制軍（之洞）之所手定，其大致取法日本學制，獨於文科大學中，削除哲學一科，而以理學科代之。……自其科目之內容觀之，則所謂理學者，僅指宋以後之學說。而其教授之範圍，亦止於此。……抑吾聞叔本華之言曰：「大學之哲學，真理之敵也。真正之哲學，不存於大學。哲學惟恃獨立之研究，始得發達耳。』然則制軍之削此科，抑亦斯學之幸歟？至於優級師範學校則不然。夫師範學校，所以養成教育家，非養成哲學家之地也。故其視哲學也，不以為一目的，而以為一手段。何則？不通哲學，則不能通教育學、及與教育學相關係之學，故也。且夫探宇宙人生之真理，而定教育之理想者，固哲學之事業。然此乃天才與專門家之所為，非師範學校之生徒所能有事也。師範學校之哲學科，僅為教育學之預備，若補助之用，而其不可廢，亦即存乎此。何則？彼挾宇宙人生之疑惑，而以哲學為一目的而研究之者，必其力足以自達，而無待乎設學校以教之。且宇宙人生之事實，隨處可觀，而其思索，以自己為貴。故大學之不設哲學科，無礙斯學之發達也。若夫師範學校之生徒，其志望惟欲為一教育家，非於哲學上有極大之興味也。而哲學與教育學之關係，凡稍讀教育學之一二頁者即能言之。……今欲捨哲學而言教育學，此則愚所大惑不解者也。」

王氏那時候熱心哲學到這個地步。但是他不久就轉到古物學、美術史的研究；在自序中所說「研究汗德」的結果，嗣後竟沒有報告，也沒有發表關於哲學的文辭了。

王氏介紹尼采學說，不及叔本華的詳備；直到民國九年，李石岑所編《民鐸》雜誌第二卷第一號，叫作尼采號，就中敘述的有白山的《尼采傳》，符所譯的Nüge的《尼采之一生及其思想》。譯大意的，有朱侶雲的《超人和偉人》，張叔丹的《查拉圖斯特拉的緒言》，劉文超的《自己與身》之類。批評的，有李石岑之《尼采思想之批評》，與S. T. W.的《尼采學說之真價》。比較的詳備一點了。

《民鐸》雜誌第三卷第一號，在民國十年十二月一日出版的，是柏格森號。就中敘述的是嚴阮澄的《柏格森傳》。譯述的是蔡元培的《哲學導言》，柯一岑的《精神能力說》與《夢》，嚴阮澄的《綿延與自我》，范壽康的《柏格森的時空論》，馮友蘭的《柏格森的哲學方法》。比較的是楊正宇的《柏格森之哲學與現代之要求》，瞿世英的《柏格森與現代哲學之趨勢》，范壽康的《直觀主義哲學的地位》。與佛學比較的，是呂澂的《柏格森哲學與唯識》，梁漱溟的《唯識家與柏格森》，黎錦熙的《維摩語經紀聞跋》。批評的是李石岑的《柏格森哲學之解釋與批判》，張東蓀的《柏格森哲學與羅素的批評》。又有一篇君勱的《法國哲學家柏格森談話記》。談話記的第一節說：「嗚呼！康德以來之哲學家，其推倒眾說，獨闢蹊徑者，柏格森一人而已。昔之哲學家之根本義曰常，曰不變，而柏氏之根本義，則曰變，曰動。昔之哲學家曰『先有物而後有變有動』，而柏氏則曰『先有變有動而後有物』。惟先物而後變動焉，故以物為元始的，而變動為後起的。惟先變動而後物焉，故以動為原始的，而物為後起的。昔之學者曰：『時間者，年、月、日、時、分、秒，而已。』柏氏曰：『此年、月、日、時、分、秒，乃數學的時間也，亦空間化之時間也。吾之所謂真時間，則過去、現在、未來三者相繼續，屬之自覺性與實生活中，故非數學所得而表現。』昔之哲學家，但知有物，而不知物之原起。柏氏曰：『天下無所謂物，但有行為而已。物者，即一時的行為也。由人類行為施其力於空間，而此行為之線路，反映於吾人眼中，則為物之面之邊。』昔之哲學者曰：『求真理之具，曰官覺，曰概念，曰判斷。』柏氏曰：『世界之元始的實在曰變動。故官覺、概念、判斷三者，不過此變動之片段的照相。是由知識之選擇而來，其本體不若是焉。』」雖寥寥數語，但柏氏哲學的真相，介紹得很深切了。

《民鐸》雜誌的尼采號，有尼采之著述及關於尼采研究之參考書；柏格森號亦有柏格森著述及關於柏格森研究之參考書。這可算是最周密的介紹法。

柏格森號中作《柏格森哲學與羅素的批評》一篇的張東蓀，是專門研究柏格森哲學的。他已經譯了柏氏的《創化論》（*L'Évolution Créatrice*），現在又譯《物質與記憶》（*Matière et Mémoire*），聽說不久可譯完。

作《法國哲學家柏格森談話記》的君勱，就是張嘉森，他是近兩年專在歐洲研究新哲學的。到法國，就研究柏格森哲學。到德國，就研究倭鏗[12]哲學。他不但譯這兩個哲學家的書，又請柏氏、倭氏的大弟子特別講解；又時時質疑於柏氏、倭氏。他要是肯介紹兩氏的學說，必可以與眾不同。介紹倭鏗學說的人，還沒有介紹柏氏的多，但《民鐸》雜誌第一卷，也有李石岑關於倭氏學說的論文。

柏氏、倭氏都是我們想請他到中國來講學的人，倭氏因太老，不能來了。柏氏允來，尚不能定期。我們已經請到過兩位大哲學家：一位是杜威[13]，一位是羅素。

杜威的哲學，從詹姆士[14]（William James）的實際主義演進來的。杜威將來的時候，他的弟子胡適作了一篇《實驗主義》介紹他，先說明實驗主義的起原，道：「現今歐美很有勢力的一派哲學，英文叫做 Pragmatism，日本人譯為『實際主義』。這個名稱本來還可用。但這一派哲學裏面，還有許多大同小異的區別，『實際主義』一個名目，不能包括一切支派。英文原名 Pragmatism 本來是皮耳士[15]（C. S. Peirce）提出的。後來詹姆士把這個主義應用到宗教經驗上去，皮耳士覺得這種用法不很妥當，所以他想把原來主義改稱為Pragmaticism，以別於詹姆士Pragmatism。英國失勒[16]（F. C. S. Schiller）一派，把這個主義的範圍更擴充了，本來不過是一種辯論的方法，竟變成一種真理論和實在論了。（看詹姆士的*Meaning of Truth*，頁五十一）所以失勒提議改用『人本主義』（Humanism）的名稱。美國杜威一派，仍舊回到皮耳士所用的原意，注重方法論一方面，他又嫌詹姆士和失勒一般人太偏重個體事物和意志的方面，所以他不願用Pragmatism的名稱，他這一派自稱為工具主義（Instrumntalism），又可譯為『應用主義』或『器用主義』。因為這一派裏面有這許多區別，所以不能不用一個涵義最廣的總名稱。『實際主義』四個字讓詹姆士獨佔，我們另用「實驗主義』的名目來做這一派哲學的總名。就這兩個名詞的本義來看，『實際主義』（Pragmatism）注重實際的效果，『實驗主義』（Experimentalism）雖然也注重實際的效果，但他更能點出這種哲學所最注意的是實驗的方法。實驗的方法，就是科學家在試驗室裏用的方法。這派哲學的始祖皮耳士常說他的新哲學不是別的，就是『科學試驗室的態度』（The Laboratory attitude of Mind）。這種態度，是這種哲學的各派所公認的，所以我們可用來做一個『類名』。」這一節敘杜威學派的來原很清楚，後來杜威講「現代三大哲學家」，又把詹姆士的學說介紹了一回。

所以杜威一來，連詹姆士也同時介紹了。

杜威在中國兩年，到的地方不少，到處都有演講。但是長期的學術演講，止在北京、南京兩處，北京又比較的久一點。在北京有五大演講，都是胡適口譯的：

第一，社會哲學與政治哲學。

第二，教育哲學。

第三，思想之派別。

第四，現代的三個哲學家。

第五，倫理講演。

胡氏不但臨時的介紹如此盡力，而且他平日關於哲學的著作，差不多全用杜威的方法，所以胡氏可算是介紹杜威學說上最有力的人。他在杜威回國時，又作了一篇《杜威先生與中國》。就中有一段說：「杜威先生不曾給我們一些關於特別問題的特別主張，——如共產主義、無政府主義、自由戀愛之類，——他只給了我們一個哲學方法，使我們用這個方法去解決我們自己的特別問題。他的哲學方法，總名叫做『實驗主義』；分開來可作兩步說：（1）歷史的方法『祖孫的方法』：他從來不把一個制度或學說，看作一個孤立的東西，總把他看作一個中段：一頭是他所以發生的原因，一頭是他自己發生的效果；上頭有他的祖父，下頭有他的子孫。捉住了這兩頭，他再也逃不出去了！這個方法的應付，一方面是很忠厚寬恕的，因為他處處指出一個制度或學說所以發生的原因，指出他歷史的背景，故能了解他在歷史上的地位與價值，故不致有過份的苛責。一方面，這個方法又很是嚴厲的，最帶有革命性質的。因為他處處拿一個學說或制度發生的結果，來評判他本身的價值，故最公平，又最厲害。這種方法，是一切帶有評判精神的運動的一個武器。（2）實驗的方法：實驗的方法，至少注重三件事：（一）從具體的事實與境地下手；（二）一切學說理想，一切知識，都只是待證的假設，並非天經地義；（三）一切學說與理想，都須用實行來試驗過。實驗是真理的唯一試金石。第一件——注意具體的境地——使我們免去許多無謂的問題，省去許多無意識的爭論。第二件——一切學理都看作假設——可以解放許多『古人的奴隸』。第三件——實驗——可以稍稍限制那上天下地的妄想冥想。實驗主義只承認那一點一滴做到的進步，——步步有智慧的指導，步步有自動的實驗——才是真進化。」可算是最簡要的介紹。

胡氏以外，還有杜威的弟子蔣夢麟、劉伯明、陶知行等等。蔣氏方主持《新教育》，特出了一本杜威號。劉氏、陶氏，當杜威在南京、上海演講時，擔任翻譯。

劉氏還譯了杜威所著的《思維術》。

羅素在北京也有五大講演：

第一，數理邏輯。

第二，物之分析。

第三，心之分析。

第四，哲學問題。

第五，社會構造論。

都是趙元任口譯的。在《數理邏輯》印本後，有張崧年《試編羅素既刊著作目錄》一卷。

在羅素沒有到中國以前，已有人把他著的書翻譯了幾部，如《到自由之路》、《社會改造原理》等。羅素的數學與哲學，我國人能了解而且有興會的，很不多。他那關於改造社會的理想，很有點影響。他所說的人應當裁制他佔有的衝動，發展他創造的衝動。同稱引老子的「生而不有，為而不恃，長而不宰」主義，很引起一種高尚的觀念，可與克魯巴金的「互助」主義，有同等價值。

五十年內，介紹西洋哲學的成績，大略如是。現在要講到整頓國故的一方面了。

近年整理國故的人，不是受西洋哲學影響，就是受印度哲學影響的。所以我先講五十年來我國人對於印度哲學的態度。

民國紀元前四十七年，石埭楊文會始發起刻書本藏經的事。前二三年，他在江寧延齡巷，設金陵刻經處。他刻經很多，又助日本人搜輯續藏經的材料，又也著了幾種闡揚佛教的書。但總是信仰方面的工夫，不是研究的。他所作的《佛法大旨》裏面說：「如來設教，義有多門。譬如醫師，應病與藥。但旨趣玄奧，非深心研究，不能暢達。何則？出世妙道，與世俗知見，大相懸殊。西洋哲學家數千年來精思妙想，不能入其堂奧。蓋因所用之思想，是生滅妄心；與不生不滅常在真心，全不相應。是以三身四智，五眼六通，非哲學所能企及也。」又云：「近時講心理學者每以佛法與哲學相提並論，故章末特為指出以示區別。」（見《等不等觀雜錄》卷一）就是表明佛法是不能用哲學的方法來研究的。所以楊氏的弟子很多，就中最高明的如桂念祖、黎端甫、歐陽漸等，也確守這種宗法。直至民國五年，成都謝蒙編《佛學大綱》，下卷分作《佛教論理學》、《佛教心理學》、《佛教倫理學》三篇。從民國六年起，國立北京大學在哲學門設了「印度哲學」的教科，許丹、梁漱溟相繼講授，梁氏於七年十月間，印佈所著的《印度哲學概論》，分《印土各宗概略》、《本體論》、《認識論》、《世間論》四篇。立在哲學家地位，來研究佛法同佛法以前的印度學派，算是從此開端了。

至於整理國故的事業，也到嚴復介紹西洋哲學的時期，才漸漸傾向哲學方面。這因為民國紀元前十八年，中國為日本所敗，才有一部份學者，省悟中國的政教，實有不及西洋各國處，且有不及維新的日本處，於是基督教會所譯的，與日本人所譯的西洋書，漸漸有人肯看，由應用的方面，引到學理的方面，把中國古書所有的學理來相印證了。

那時候在孔子學派上想做出一個「文藝復興」運動的，是南海康有為。他是把進化論的理論應用在公羊春秋的據亂、升平、太平三世，同《小戴記·禮運》篇的小康大同上。他所著的《大同書》，照目錄上是分作十部：甲部，入世界，觀眾苦。乙部，去國界，合大地。丙部，去級界，平民族。丁部，去種界，同人類。戊部，去形界，各獨立。己部，去家界，為天民。庚部，去產界，公生業。辛部，去亂界，治太平。壬部，去類界，愛眾生。癸部，去苦界，至極樂。已經刊佈的，止有甲、乙兩部，照此例推，知道從乙部到壬部，都是他理想的制度。甲部與癸部，是理論。他在甲部的第一章說：「有生之徒，皆以求樂免苦而已，無他道矣。其有迂具途，假其道，曲折以赴，行苦而不厭者，亦以求樂而已。雖人之性有不同乎！而可斷斷言之曰，人道無求苦去樂者也。立法創教，令人有樂而無苦，善之善者也。能令人樂多苦少，善而未盡善者也。令人苦多樂少，不善者也。」他的人生觀是免苦求樂。但是他不主張利己主義，因為見了他人的苦，自己一定不能樂了，因為「人有不忍之心」。他也不主張精神上的樂，可以抵償物質上的苦，所以他說：「人生而有欲，天之性哉！欲無可盡則常節之。欲可近盡，則願得之。近盡者何？人人之所得者，吾其不欲得之乎哉？其不可得之也，則恥不比於人數也。其能得之也，則生人之趣應樂也。生人之樂趣，人情所願欲者何？口之欲美飲食也；居之欲美宮室也；身之欲美衣服也；目之欲美色也；鼻之欲美香澤也；耳之欲美音聲也；行之欲靈捷舟車也；用之欲使美機器也；知識之欲學問圖書也；遊觀之欲美園林山澤也；體之欲無疾病也；養生送死之欲無缺也；身之欲遊戲登臨，從容暇豫，嘯傲自由也；公事大政之欲預聞預議也；身世之欲無牽累壓制而超脱也；名譽之欲彰徹大行也；精義妙道之欲入於心耳也；多書、妙畫、古器、異物之欲羅於眼底也；美男妙女之欲得我意者而交之也；登山臨水、泛海升天之獲大觀也。」（《大同書》甲部六六頁至六七頁）看物質上與精神上的快樂，都是必需的；他也不主張厭世主義，要脱世間的苦，求出世間的樂，他說：「亂世之神聖仙佛，凡百教主，皆苦矣哉！而尚未濟也。豈若大同之世，太平之道，人人無苦患，不勞神聖仙佛之普度。而人人皆神聖仙佛，不必復有神聖仙佛。」他所主張的是創立一種令人有樂無苦的制與教，在地上建設天國，那時候就是「太平之世，性善之時」。這種主張，是以「不忍之心」為出發點的。他說：「夫見見覺覺者，形聲於彼，傳送於目耳；衝動於魂氣。淒淒愴愴，襲我之陽；冥冥岑岑，入我之陰；猶猶然而不能自已者，其何朕耶？其歐人所謂以太耶？其古所謂不忍之心耶？其人皆有此不忍之心耶？寧我獨有耶？」又說：「天者，一物之魂質也，人者，亦一物之魂質也。雖形有大小，而其分浩氣於太元，挹涓滴於大海，無以異也。……無物無電，無物無神。夫神者，知氣也，魂知也，精爽也，靈明也，明德也，數者，異名而同實。有覺知則有吸攝；磁石猶然，何況於人？不忍者，吸攝之力也。故仁智同藏而智為先；仁智同用，而仁為貴矣。」（甲部五頁至六頁）他以快樂為人生究竟的目的，以同情為道德的起原，很有點像英國功利論的哲學。

方康氏著《大同書》的時候，他的朋友譚嗣同著了一部《仁學》。康氏說「以太」，說「電」，說「吸攝」，都作為「仁」的比喻；譚氏也是這樣。康氏說「去國界」「去級界」等等，譚氏也要去各種界限。這是相同的。但譚氏以華嚴及莊子為出發點，以破對待為論鋒，不注意於苦樂的對待，所以也沒有說去苦就樂的方法。他的《仁學》，有《界說》二十七條。就中最要的：（一）「仁以通為第一義。以太也，電也，心力也，皆指出所以通之具。」（三）「通有四義，中外通，多取其義於春秋，以太平世大小遠近若一，故也。上下通、男女內外通，多取其義於《易》，以陽下陰吉，陰下陽吝，泰、否之類是也。人我通，多取其義於佛經，以無人相，無我相，故也。」（七）「通之象為平等。」（八）「通則必尊靈魂；平等則體魄可為靈魂。」（十二）「仁為天地萬物之源，故惟心，故惟識」。（十三）「不生不滅，仁之體。」（十七）「仁，一而已，凡對待之詞，皆當破之。」他的破對待的說明：「對待生於彼此；彼此生於有我。我為一，對我者為人則生二。人我之交則生三。由參之，伍之，錯之，綜之。朝三而暮四，朝四而暮三，名實未虧，而愛惡因之。由是大小、多寡、長短、久暫，一切對待之名，一切對待之分別，殽然哄然。其瞞也，其自瞞也，不可以解矣。然而有瞞之不盡者，偶露端倪，所以示學人以路也。一夢而數十年月也。一思而無量世界也。尺寸之鏡，無形不納焉。銖兩之腦，無物不志焉。……虛空有無量之星日，星日有無量之虛空，可謂大矣；非彼大也，以我小也。

有人不能見之微生物，有微生物不能見之微生物，可謂小矣；非彼小也，以我大也，何以有大？比例於我小而得之。何以有小？比例於我大而得之。然則但無我見，世界果無大小矣。多寡、長短、久暫，亦復如是。疑以為幻，雖我亦幻也。何幻非真？何真非幻？真幻亦對待之詞，不足疑對待也。驚以為奇，而我之能言，能動，能食，能思，不更奇乎？何奇非庸？何庸非奇？庸奇又對待之詞，不足驚對待也。」（二十頁）他的不生不滅的說明：「不生不滅有徵乎？曰彌望皆是也。如向所言化學諸理，窮其學之所至，不過析數原質而使之分，與並數原質而使之合，用其已然而固然者，時其好惡，劑其盈虛，而以號曰某物某物，如是而已。豈竟能消滅一原質，與別創造一原質哉？」（十二至十三頁）又說：「今夫我何以知有今日也，比於過去未來而知之。然而去者則已去，來者又未來，又何知有今日？迨乎我知有今日，則固已逝之今日也。過去獨無今日乎？乃謂曰過去。未來獨無今日乎？乃謂之曰未來。今日則為今日矣，乃閱明日，則不謂今日為今日。閱又明日，又不謂明日為今日。日析為時，時析為刻，刻析為分，分析為秒忽。秒忽隨生而隨滅；確指某秒某忽為今日，確指某秒某忽為今日之秒忽，不能也。昨日之天地，物我據之以為生，今日則皆滅。今日之天地，物我據之以為生，明日則又滅。不得據今日為生，即不得據今日為滅。故曰，生滅，即不生不滅也。」（十八至十九頁）舉這幾條例，可見他的哲理，全是本於《莊子》與《華嚴》了。他主張破對待，主張平等，所以他反對名教。反對以淫殺為絕對的惡。反對三綱。他主張通，所以反對閉關，反對國界，反對寧靜安靜，反對崇儉。他在那時候，敢出這種「衝決網羅」的議論，與尼采的反對基督教奴隸道德差不多了。

他的《界說》道：「凡為仁學者，於佛書當通《華嚴》及心宗、相宗之書。於西書當通《新約》及算學、格致、社會學之書。於中國當通《易》、《春秋》、《公羊傳》、《論語》、《禮記》、《孟子》、《莊子》、《墨子》、《史記》，及陶淵明、周茂叔、張橫渠、陸子、王陽明、王船山、黃梨洲之書。」（二十五）又說：「算學雖不深，而不可不習幾何學，蓋論事辦事之條段在是矣。」（二十六）又說：「格致即不精，而不可不知天文、地輿、全體、心靈四學，蓋群學群教之門徑在是矣。」（二十七）那時候西洋輸入的科學，固然很不完備，但譚氏已經根據這些科學，證明哲理，可謂卓識。《仁學》第二十四頁：「難者曰：『子陳義高矣，既已不能行，而滔滔為空言，復事益乎？』曰：吾貴知不貴行也。知者，靈魂之事也。行者，體魄之事也。……行有限而知無限，……且行之不能及知，又無可如何之勢也。手足之所接，必不及耳目之遠；記性之所含，必不及悟知之廣；權尺之所量，必不及測量之確；實事之所麗，必不及空理之精；夫孰能強易之哉？」也能說明哲學與應用科學不同的地方。

與康、譚同時，有平陽宋恕、錢唐夏曾佑兩人，都有哲學家的資格。可惜他們所著的書，刊佈的很少。宋氏止刊佈《卑議》四十六篇，都是論政事的。他的自序印行緣起說：「孟氏曰：『人皆有不忍人之心，斯有不忍人之政。』……其有願行不忍人之政者乎？其寧無取於斯議焉？」他在《卑議》中說：「儒家宗旨，一言以蔽之，曰『抑強扶弱』。法家宗旨，一言以蔽之，曰『抑弱扶強』。洛閩講學，陽儒陰法。」（《賢隱》篇《洛閩》章第七）又說：「洛閩禍世，不在談理，而在談理之大遠乎公。不在講學，而在講學之大遠乎實。」他的自敍說：「儒術之亡，極於宋元之際。神州之禍，極於宋元之際。苟宋元陽儒陰法之說一日尚熾，則孔孟忠恕仁義之教一日尚阻。」可見他也是反對宋元煩瑣哲學，要在儒學裏面做「文藝復興」的運動。他在《變通》篇《救慘》章說：「赤縣極苦之民有四，而乞人不與焉。一曰童養媳，一曰娼，一曰妾，一曰婢。」他說娼的苦：「民之無告於斯為極，而文人乃以宿娼為雅事，道學則斥難婦為淫賤。……故宿娼未為喪心，文人之喪心，在以為雅事也。若夫斥為淫賤，則道學之喪心也。」在《同仁》章說：「今國內深山窮谷之民多種，世目之曰黎，曰苗，曰猺，曰獠，被以醜名，視若獸類。……今宜於官書中，削除回、黎、苗、猺、獠等字樣，一律視同漢民。」又在《自敘》說：「更卑於此，吾弗能矣。非弗能也，誠弗忍也。夫彼陽儒陰法者流，寧不自知其說之殃民哉？然而苟且圖富貴，不恤以筆舌驅其同類於死地，千萬億兆乃至恆河沙數者，其惻隱絕也。今恕日食動物，比於佛徒，惻隱微矣。然此弗忍同類之忱，自幼至今，固解莫解，安能絕也？嗟乎！行年將三十矣（作自序時，民國紀元前二十一年）。又三十年，則且老死。雜報如家，人天如客，輪轉期邇，栗栗危懼。區區惻隱，於仁全量，如一滴水，與大海較。夫又安可絕也？夫又安可絕也？」可見他的理想，也是以同情為出發點。《卑議》以外的著作，雖然不可見，大略也可推見了。

夏氏是一個專門研究宗教的人，有給楊文會一封信：「弟子十年以來，深觀宗教。流略而外，金頭五頂之書，基督天方之學，近歲粗能通其大義，辨其徑途矣。惟有佛法，法中之王，此語不誣，至今益信。而茲道之衰，則實由禪宗而起。明末，唯識宗稍有述者，未及百年，尋復廢絕。然衰於支那而盛於日本。近來書冊之東返者不少，若能集眾力刻之，移士夫治經學、小學之心以治此事，則於世道人心當有大益。……近來國家之禍，實由全國人民不明宗教之理之故所致；非宗教之理大明，必不足以圖治也，至於出世，更不待言矣。又佛教源出婆羅門，而諸經論言之不詳。即七十論十句義，亦只取其一支，非其全體。而婆羅門亦自秘其經，不傳別教。前年英人穆勒，始將《四韋馱》之第一種，譯作英文；近已買得一分，分四冊，二梵，二英。若能譯之以行於世，則當為一絕大因緣。又英人所譯印度教派，與中土奘師所傳著不異。惟若提子為一大宗，我邦言之不詳，不及數論勝論之夥。又言波商羯羅源出於雨眾，將佛教盡滅之，而為今日現存婆羅門各派之祖。此事則支那所絕不知者。」（見楊文會《等不等觀雜錄》卷六）即此一信，也看得出研究範圍的廣與用工的久了。但是他至今沒有發佈他所研究的宗教哲學。他的著作，已經刊佈的，止有《中國歷史教科書》三冊。今把這三冊裏面，稍近哲理的話，摘抄一點。

第一篇「世界之始」說：「人類之生，決不能謂其無所始。然其所始，說各不同，大約分為兩派：古言人類之始者為宗教家；今言人類之始者為生物學家。宗教家者，隨其教而異；各以其本群最古之書為憑。……詳天地剖判之形，元祖降生之事。……無一同者。昔之學人篤於宗教，每多出主入奴之意。今幸稍衰，但用以考古而已。至於生物學者，創於此百年以內。最著者英人達爾文之種源論。」（第一篇第一頁）

「五行至禹而傳」說：「包犧以降，凡一代受命，必有河圖。……蓋草昧之時，為帝王者，不能不託神權以治世，故必受河圖以為天命之據。且不但珍符而已，圖書均有文字（《河圖洛書》），列治國之法，與《洪範》等，惜其書不傳，惟《洪範》存於世。五行之說，殆為神州學術之質幹。『鯀湮洪水，汩陳其五行。帝乃震怒，不畀洪範九疇，彝倫攸斁，鯀則殛死。禹乃嗣興，天乃錫禹洪範九疇，彝倫攸敘。』其諸西奈山之石版與？」（第一篇第三十頁）

「孔子以前之宗教」說：「孔子一身，直為中國政教之原。……然欲考孔子之道術，必先明孔子道術之淵源。孔子者，老子之弟子也。孔子之道，雖與老子殊異，然源流則出於老，故欲知孔子者不可不知老子。然老子生於春秋之季，欲知老子又必知老子以前天下之學術若何。老子以前之學術明，而後老子之作用乃可識。老子之宗旨見，而後孔子之教育乃可推。至孔子教育之指要，既有所窺，則自秦以來，直至目前，此二千餘年之政治盛衰、人才升降，文章學問、千枝萬條，皆可燭照而數計矣。」（八十四頁）「鬼神術數之事，今人不能不笑古人之愚。然非愚也。蓋初民之意，觀乎人類，無不各具知覺。然而人之初生，本無知覺者也，其知覺不知何自而來。人之始死，本有知覺者也，其知覺又不知從何而去。於是疑肉體之外，別有一靈體存焉。其生也，靈體與肉體相合而知覺顯。其死也，靈體與肉體相分而知覺隱。有隱顯而已，無存亡也。於是有人鬼之說。既而仰觀於天，日月升沉，寒暑迭代，非無知覺者所能為也，於是有天神之說。俯觀乎地，出雲雨，長草木，亦非無知覺者所能為也，於是有地祇之說。人鬼，天神，地祇，均以生人之理推之而已。其他庶物之變，所不常見者，則謂之物魅，亦以生人之辯推之而已。此等思想，太古已然。逮至算術既明，創為律曆、天文，諸事漸可測量。推之一二事而合，遂謂推之千萬事而無不合，乃創立法術，以測未來之事，而術數家興。」

「新說之漸」說：「鬼神術數之學，傳自炎黃，至春秋而大備。然春秋之時，人事進化，駸駸有一日千里之勢；鬼神術數之學，不足以牢籠一切。春秋之末，明哲之士，漸多不信鬼神術數者。……至於老子，遂一洗古人之面目。九流百家，無不源於老子。」

「老子之道」說：「老子之書，於今具在。討其義蘊，大約以反覆申明鬼神術數之誤為宗旨。『萬物芸芸，各歸其根；歸根則靜，是謂復命。』是知鬼神之情狀，不可以人理推，而一切禱祀之說破矣。『有物渾成，先天地生。』則知天地山川、五行百物之非原質，不足以明天人之故，而占驗之說廢矣。『禍兮福所倚，福兮禍所伏。』則知禍福純乎人事，非能有前定者，而天命之説破矣。鬼神，五行，前定既破，而後知『天地不仁，以萬物為芻狗。聖人不仁，以百姓為芻狗』。閟宮清廟、明堂辟雝之制，衣裳鐘鼓、揖讓升降之文之更不足言也。雖然，老子為九流之初祖，其生最先。凡學説與政論之變也，其先出之書，所以矯前代之失者，往往矯枉過正。老子之書，有破壞而無建立，可以備一家之哲學，而不可以為千古之國教，此其所以有待於孔子與？」

「孔子之異聞」説：「蓋自上古至春秋，原為鬼神術數之時代；乃合蚩尤之鬼道，與黃帝之陰陽以成文，皆初民所不得不然。至老子驟更之，必為天下所不許。書成身隱，其避禍之意耶？孔子雖學於老子，而知教理太高，必與民知不相適而廢。於是去其太甚，留其次者，故去鬼神而留術數。《論語》言『未知生，焉知死』，又言『不知命，無以為君子』。即其例也。然孔子所言雖如此，而社會多數之習，終不能改，至漢儒乃以鬼神術數之理解經。」

「墨子之道」説：「其學與老子、孔子同出於周之史官，而其説與孔子相反。惟修身、親士，為宗教所不可無，不能不與孔子同。其他則孔子親親，墨子尚賢。孔子差等，墨子兼愛。孔子繁禮，墨子節用。孔子重喪，墨子節葬。孔子説天，墨子天志。孔子遠鬼，墨子明鬼。孔子正樂，墨子非樂。孔子知命，墨子非命。孔子尊仁，墨子貴義。殆無一不與孔子相反。然求其所以然之故，亦非墨子故為與孔子相戾；特其中有一端不同，而諸端遂不能不盡異。宗教之理，如算式然，一數改則各數盡改。『墨子學於孔子，以為其禮煩擾而不説，厚葬靡財而貧民，久服傷生而害事。』（《淮南子》）喪禮者，墨子與孔子不同之大原也。儒家喪禮之繁重，為各宗教所無，然儒家則有精理存焉。儒家以君父為至尊無上之人，以人死為一往不返之事。以至尊無上之人，當一往不返之事，而孝又為政教全體之主綱，喪禮烏得而不重？墨子既欲節葬，必先明鬼。（有鬼神，則身死，猶有其不死者存，故喪可從殺。天下有鬼精之教，如佛教、耶教、回教，其喪禮無不簡略者。）既設鬼神，則宗教為之大異。有鬼精，則生死輕，而遊俠犯難之風起；異乎儒者之尊生。有鬼精，則生之時暫，不生之時常，肉體不足計，五倫不足重，而平等兼愛之義伸，異乎儒者之明倫。其他種種異義，皆由此起；而孔、墨遂成相反之教焉。」

「三家總論」：「老、孔、墨三大宗教，皆起於春秋之季，可謂奇矣。抑亦世運之有以促之也。其後孔子之道，成為國教。道家之真不傳。（今之道家皆神仙家。）墨家遂亡。興亡之故，固非常智所能窺；然亦有可淺測之者。老子於鬼神、術數，一切不取者也。其宗旨過高，非神州之人所解，故其教不能大。孔子留術數而去鬼神，較老子為近人矣，然仍與下流社會不合，故其教只行於上等人，而下等人不及焉。墨子留鬼神而去術數，似較孔子更近，然有天志而無天堂之福，有明鬼而無地獄之罪，是人之從墨子者苦身焦思而無報；違墨子者放闢邪侈而無罰也；故上下之人均不樂之，而其教遂亡。至佛教西來，兼孔、墨之長，而去其短，遂大行於中國，至今西人皆以中國為佛教國也。」

第二篇《秦於中國之關係》：「秦政之尤大者則在宗教。始皇之相為李斯，司馬遷稱『斯學帝王之術於荀子』。……荀子出於仲弓，其實乃孔門之別派也。觀《荀子．非十二子》篇，子思、孟子、子游、子夏，悉加醜詆。而己所獨揭之宗旨，乃為性惡一端。夫性既惡矣，則君臣、父子，夫婦、兄弟、朋友之間，其天性本無所謂忠孝慈愛者；而弒奪殺害，乃為情理之常。於此而欲保全秩序，捨威刑劫制，末由矣。本孔子專制之法，行荀子性惡之旨，在上者以不肖持其下，無復顧惜；在下者以不肖自待，而蒙蔽其上。自始皇以來，積二千餘年，國中社會之情狀，猶一日也。社會若此，望其義安，自不可得……不能不嘆秦人擇教之不善也，然秦之宗教，不專於儒。大約雜採其利己者用之。神仙之說，起於周末，言人可長生不死，形化上天，此為言鬼神之進步。而始皇頗信其說，盧生、徐市之徒，與博士、諸生並用。中國國家，無專一之國教；孔子，神仙，佛，以至各野蠻之鬼神，常並行於一時一事之間；殆亦秦人之遺習與？」

「儒家與方士之糅合」說：「觀秦漢時之學派，其質幹有三：一、儒家，二、方士，三、黃老，一切學術，均以是三者離合而成之。……因儒家尊君，君者，王者之所喜也。方士長生，生者亦王者之所喜也。二者既同為王者之所喜，則其勢必相妒，於是各盜敵之長技以謀獨擅，而二家之糅合成焉。」

「儒家與方士分離即道教之原始」說：「鬼神術數之事，雖暫為儒者所不道。而此歡迎鬼神術數之社會，則初無所變更。故一切神怪之譚，西漢由方士併入儒林；東漢再由儒林分為方術，於是天文、風角、河洛、五星之說，乃特立於六藝之外，而自成一家。後世相傳之奇事靈跡，全由東漢人開之。……及張道陵起，眾說乃悉集於張氏，遂為今張天師之鼻祖，然而與儒術無與矣。」

「三國末社會之變遷」說：「循夫優勝劣敗之理，服從強權，遂為世界之公例。威力所及，舉世風靡，弱肉強食，視為公義。於是有具智仁勇者出，發明一種抵抗強權之學說，以扶弱而抑強。此宗教之所以興，而人之所以異於禽獸也。佛教、基督教，均以出世為宗，故其反抗者在天演。神州孔墨皆詳世法，故其教中，均有捨身救世之一端。雖儒俠道違，有如水火；而此一端，不能異也。顧其為道，必為秉強權者之所深惡，無不竭力以磨滅之。歷周秦至魏晉，垂及千年，上之與下，一勝一負，有如回瀾。至司馬氏而後磨滅殆盡。其興亡之故，中國社會至大之原因也。」

看所引幾條，夏氏宗教哲學的大意，也可見一斑了。

這時代的國學大家裏面，認真研究哲學，得到一個標準，來批評各家哲學的，是餘杭章炳麟。章氏自敍「思想變遷之跡」道：「少時治經，謹守樸學；所疏通證明者，在文字器數之間。雖嘗博觀諸子，略識微言，亦隨順舊義耳。遭世衰微，不忘經國；尋求政術，歷覽前史；獨子荀卿、韓非所説，謂不可易。自余閎眇之旨，未暇深察。繼閱佛藏，涉獵《華嚴》、《法華》、《涅槃》諸經，義解漸深，卒未窺其究竟，及囚繫上海，三歲不覿，專修慈氏、世親之書。此一術也，以分析名相始，以排遣名相終。從入之途，與平生樸學相似；易於契機。解此以還，乃達大乘深趣。私謂釋迦玄言出過晚周諸子不可計數，程朱以下，尤不足論。既出獄，東走日本……旁覽彼土所譯希臘、德意志哲人之書，時有概述鄔彼尼沙陀及吠檀多哲學者，言不能詳。因從印度學士咨問。梵土大乘已亡，勝論、數論傳習已少；惟吠檀多哲學，今所盛行。其所稱述，多在常聞之外。以是數者，格以大乘，霍然察其利病，識其流變。……卻後為諸生說《莊子》，問以郭義，敷釋多不愜心；旦夕比度，遂有所得。端居深觀而釋《齊物》，乃與《瑜珈》、《華嚴》相會。所謂『摩尼現光，隨見異色，因陀帝綱，攝入無礙』；獨有莊生明之，而今始探其妙。千載之秘，睹於一曙。次及荀卿、墨翟，莫不抽其微言。以為仲尼之功，賢於堯舜，其玄遠終不敢望老莊矣。癸甲之際，厄於龍泉，始玩爻象，重籀《論語》，明作易之憂患，在於生生；生道濟生，而生終不可濟，飲食興訟，旋復無窮；故惟文王為知憂患，惟孔子為知文王。《論語》所說，理關盛衰，趙普稱半部治天下，非盡唐大無驗之談。又以莊證孔，而耳順、絕四之指，居然可明，知其階位卓絕，誠非功濟生民而已，至於程、朱、陸、王諸儒，終未足以厭望。頃來重繹莊書，眇覽《齊物》，芒刃不頓，而節族有間。凡古近政俗之消息，社會都野之情狀，華梵聖哲之義諦，東西學人之所說，拘者執着而鮮通，短者執中而居間；卒之魯莽滅裂，而調和之效，終未可睹。……餘則操齊物以解紛，明天倪以為量，割制大理，莫不孫順。程、朱、陸、王之儔，蓋與王弼、蔡謨、孫綽、李充伯仲；今若窺其內心，通其名相，雖不見全象，而謂其所見之非象則過矣。世故有疏通知遠，好為玄談者；亦有文理密察，實事求是者；

及夫主靜居敬，皆足澄心；欲當為理，宜於宰世。苟外能利物，內以遣憂，亦各從其志爾。漢宋爭執，焉用調人？喻以四民，各勤其業，瑕釁何為而不息乎？下至天教，執耶和華為造物主，可謂迷妄，然格以天倪，所誤特在體相；其由果尋因之念，固未誤也。諸如此類，不可盡說。執着之見，不離天倪，和以天倪，則妄自破而紛亦解。所謂『無物不然，無物不可』；豈專為圓滑，無所裁量者乎？自揣生平學術，始則轉俗成真，終乃回真向俗。」（《菿漢微言》末節）他在哲學上的主張，說得很明白了。

他對於佛教各宗，除密宗、淨土宗外，雖皆所不棄，而所注重的是法相。與鐵錚書：「支那德教，雖各殊途，而根原所在，悉歸於一，曰『依自不依他』耳。上自孔子，至於孟荀，性善性惡，互相鬩訟。訖宋世則有程朱。與程朱立異者，復有陸王。與陸王立異者，復有顏李。雖虛實不同，拘通異狀；而自貴其心，不以鬼神為奧主，一也。佛教行於中國，宗派十數；而禪宗為盛者，即以自貴其心，不援鬼神，與中國心理相合。故僕於佛教，獨淨土、秘密二宗，有所不取；以其近於祈禱，猥自卑屈，與勇猛無畏之心相左耳。雖然，禪宗誠斬截矣，而末流沿習，徒習機鋒；其高者止於堅定，無所依傍，顧於惟心勝義或不了解，得其事而遺其理，是不能無缺憾。是故推見本原，則以法相為其根核。法相禪宗，本非異趣。達摩初至，即以《楞伽》傳授。惜其後惟學《金剛般若》，而於法相漸疏，惟永明略有此意。今欲返古復始，則《楞伽》七卷，正為二宗之通郵。……然僕所以獨尊法相者，則自有說。蓋近世學術漸趨實事求是之塗。自漢學諸公，分條析理，遠非明儒所企及。逮科學萌芽，而用心益復縝密矣。是故法相之學，於明代則不宜；於近代則甚適；由學術所趨然也。」他本來深於詁言之學，又治唯識；所以很重名學。作《原名》，用唯識來解釋荀子正名與墨經；又用因明與墨經及西洋名學相比較，說：「大秦與墨子者，其量皆先喻體，後宗。先喻體者，無所容喻依，斯其短於因明。」章氏的哲學，以唯識為基礎，以齊物論為作用，所以他不贊成單面樂觀的進化論，唱「俱分進化論」。說：「進化之所以為進化者，非由一方直進，而必由雙方並進，專舉一方，惟言智識進化可耳。若以道德言，則善亦進化，惡亦進化。若以生計言，則樂亦進化，苦亦進化。」

章氏說：「仁為惻隱，我愛所推，義為羞惡，我慢所變。」（《菿漢微言》）又說：「有我愛，故貪無厭；有我慢，故求必勝於人。」（《國故論衡．辨性上》）承認我愛我慢，都有美惡兩面。但因為我慢是西洋學者所不注意的，所以特別提出，說：「希臘學者括人心之所好，而立真善美三，斯實至陋之論。人皆著我，則皆以為我勝於他，而好勝之念，現之為爭。」（《文錄》五《五無論》）所以他的《辨性》篇雖然說：「孟、荀二家，皆以意根為性；意根，一實也，愛慢悉備，然其用之異形，一以為善，一以為惡，皆踸也。」但《五無論》又說：「性善之說，不可堅信。人心奴爭，根於我見。」他所以取荀卿、韓非。

他說：「圓成實自性之當立。」「偏計所執性之當遣。」「有智者所忍可。」「惟依他起自性，介有與非有之間，識之殊非易易。自來哲學宗教諸師其果於建立本體者……於非有中起增益執。……其果於遮遣空名者……於幻有中起損減執。……此二種邊執之所以起者，何也？由不識依他起自性而然也。」他用這個標準，來提倡第一義，所以說：「欲建立宗教者，不得於萬有之中，而計其一為神；亦不得於萬有之上，而虛擬其一為神。」又說：「今之立教，惟以自識為宗。識者云何？真如即是。惟識實性，所謂圓成實也，而此圓成實者，太沖無象，欲求趨實，不得不賴依他。逮其證得圓成，則依他亦自除遣。」（《建立宗教論》）所以他又有《人無我論》、《五無論（無政府，無聚落，無人類，無眾生，無世界）》。（以上均見《文錄》第四。）

但是他以齊物論為作用，又時取「隨順有邊」之法。看國內基督教會的流布，在日本時，見彼方學者稗販歐化的無聊，所以發矯枉的議論。如無神論、國家論、四惑論（一、公理，二、進化，三、惟物，四、自然）等。他說：「佛家既言惟識，而又力言無我；是故惟物之說有時亦為佛家所採。……其以物為方便，而不以神為方便者，何也？惟物之說，猶近平等。惟神之說，則與平等絕遠也。」（《文錄》四）所以他作無神論。他又以執名的比執相為劣。所以說：「世之恆言，知相知名者謂之智；獨知相者謂之愚。蠕生之人，五識於五塵，猶是也；以不知名故，意識鮮通於法。然諸有文教者，則執名以起愚，彼蠕生者猶捨是。一曰徵神教……二曰徵學術……三曰徵法論……四曰徵位號……五曰徵禮俗……六曰徵書契……」（《國故論衡．辨性下》）他又說：「天下無純粹自由，亦無純粹不自由。」「自利性與社會性，殊而一。」（《讀佛典雜記》）都是破執着的。

他又作《訂孔》、《道本》、《道微》、《原墨》、《通程》、《議王》、《正顏》等（均見《檢論》），都可當哲學史的材料。他說王守仁是「剴切」，不是「玄遠」。說顏元「所學務得皮膚，而總之用微」。都是卓見。他那《菿漢微言》的上半卷，用「惟識」證明《易》、《論語》、《孟子》、《莊子》的玄言，也都很有理致，不是隨意附會的。

凡一時期的哲學，常是前一時期的反動，或是再前一時期的復活，或是前幾個時期的綜合，所以哲學史是哲學界重要的工具。這五十年中，沒有人翻譯過一部西洋哲學史，也沒有人用新的眼光來著一部中國哲學史，這就是這時期中哲學還沒有發展的證候。直到距今四年前，績溪胡適把他在北京大學所講的《中國哲學史大綱》上卷，刊佈出來，算是第一部新的哲學史。胡氏用他實驗哲學的眼光，來敘述批評秦以前的哲學家，最注重的是各家的辯證法，這正是從前讀先秦哲學書者所最不注意的。而且他那全卷有系統的敘述，也是從前所沒有的。

胡氏又著有《墨子哲學》與《墨子小取篇新詁》，全是證明墨子的辯證法的。同時新會梁啓超著《墨子學案》一部，也是墨家論理學佔重要部份。

照上文所敘的看起來，我們介紹西洋哲學，整理固有哲學，都是最近三十年間的事業。成績也不過是這一點。要做到與古人翻譯佛典，發揮理學的一樣燦爛，應當甚麼樣努力？還想到當這個時代，對於我們整理固有哲學的要求，不但國內，就是西洋學者，也有這種表示。杜威在民國九年北京大學開學式的演説，提出媒合東西文化問題。又在北京大學哲學研究會説：「西方哲學偏於自然的研究，東方哲學偏於人事的研究，希望調劑和合。」（《東西文化及其哲學》二三零頁）中國學者到歐美去遊歷，總有人向他表示願意知道中國文化的誠意。因為西洋人對於他們自己的文化，漸漸兒有點不足的感想，所以想研究東方文化，做個參考品。最近梁漱溟發佈了一部《東西文化及其哲學》，是他深研這個問題以後的報告。他對東西文化之差別，下個結論道：「西方文化，是以意慾向前要求為其根本精神的；中國文化，是以意慾自為調和持中為其根本精神的；印度文化，是以意慾反身向後要求為其根本精神的。」又對於三方面的人生哲學，下個結論道：「西洋生活，是直覺運用理智的；中國生活，是理智運用直覺的；印度生活，是理智運用現量的。」他是斷定這三種不同的文化，是不能融合的，「最妙是隨問題轉移而變其態度。」他說「西洋文化的勝利，只在其適應人類目前的問題。而中國文化，印度文化，在今日的失敗……就在不合時宜罷了。……第一路走到今日，病痛百出；今世人都想拋棄他，而走這第二路。……中國文化復興之後，將繼之以印度文化。於是古文明之希臘、中國、印度三派，竟於三期間次第重現一遭。」他又決定我們中國人現在應持態度，道：「第一，要排斥印度的態度，絲毫不能容留。第二，對於西方文化，是全盤承受。……第三，批評的把中國原來態度重新拿出來。」

文化問題，當然不但是哲學問題，但哲學是文化的中堅。梁氏所提出的，確是現今哲學界最重大的問題；而且中國人是處在最適宜於解決這個問題的地位。我們要想解決他，是要把三方面的哲學史細細檢察，這三種民族的哲學思想，是否絕對的不能並行？是否絕對的不能融合？梁氏所下的幾條結論，當然是他一個人一時的假定，引起我們大家研究的興趣的。我所以介紹此書，就作為我這篇《五十年來中國之哲學》的末節。

據申報館：《最近之五十年》，一九二三年十二月出版。

註釋

1 赫胥黎：Thomas Henry Huxley，英國博物學家、教育家，擁護達爾文的進化論觀點。
2 穆勒：John Stuart Mill，英國著名哲學家和經濟學家，古典自由主義思想家。
3 耶芳斯：William Stanley Jevons，英國邏輯學家，今譯傑文斯。
4 孟德斯鳩：Montesquieu，法國啓蒙思想家，社會學家，西方國家學說和法學理論的奠基人。
5 甄克思：Edward Jenks，英國社會學家。
6 拉馬爾克：Chevalier de Lamarck，法國博物學家，近代生物學奠基人之一，今譯拉馬克。

7 克魯巴金：Pyotr Alexeyevich Kropotkin，俄國地理學家、無政府主義者，今譯克魯泡特金。

8 盧騷：Jean-Jacques Rousseau，法國啓蒙思想家、哲學家、教育家、文學家，今譯盧梭。

9 伏爾泰：Voltaire，法國啓蒙思想家、文學家、哲學家、史學家。

10 汗德：即康德 Immanuel Kant。

11 歐幾里得：Euclid，古希臘數學家，幾何學的創立者。

12 倭鏗：Rudolf Christoph Eucken，德國唯心主義哲學家，今譯奥伊肯。

13 杜威：John Dewey，美國哲學家、教育家，實用主義者。

14 詹姆士：William James，美國哲學家與心理學家，今譯詹姆斯。

15 皮耳士：Charles Sanders Peirce，美國邏輯學家，實用主義者，今譯皮爾斯。

16 失勒：Egon Schiele，英國哲學家，實用主義的代表人物，今譯席勒。

怎樣研究哲學

我們要研究哲學，不能不先考一考哲學的範圍。哲學是宗教上分出來的，宗教最盛的時候，把自然現象及人類行為，都加以武斷的説明，只許信仰，不許懷疑，後來有懷疑的出來，以對於宗教作半脱離或全脱離的態度，試為不必盡同於宗教的説明，這是哲學的開始。哲學的開始時候，把解釋自然現象與人類行為的責任，統擔負起來，如希臘的雅里士多得[1]、英國的培根，都是如此，這是哲學範圍最廣的時候。後來解説自然現象的科學漸漸成立了，如物理、化學、地質、天文、動物、植物等等，於是哲學的範圍縮小一部份了。後來解釋人類行為的科學，如歷史、社會、語言、政治、法律等等，也漸漸成立了，於是哲學範圍又縮小一部份了。最後心理學以應用實驗方法而成為獨立的科學，教育學、美學跟着起來，也有成為實驗科學的趨勢，倫理學也試用歸納法，於是哲學的範圍乃更小了。

哲學的範圍，雖因科學的成立，而漸次縮小，然哲學與科學的關係，乃日益密切。蓋科學建設的初期，雖局於微小的測驗與比較，而發展以後，積理日多，欲構成一貫的理論，就往往涉及哲學領域。是以有一科的哲學，如數理哲學、法律哲學。有綜合自然科學的哲學，如自然哲學是。有綜合自然科學與社會科學而構成系統的，如斯賓塞爾的綜合哲學、孔德的實驗哲學是。至於純粹的玄學家，似乎超科學的，然而以直觀建設玄學的柏格遜[2]，雖屢言偏重理知的流弊，而他所引用的例證，還是取資於科學，這可見哲學與科學的密接了。

至於研究哲學的開始，照葉青先生說的，先讀哲學概論與哲學史，是最好的。讀了這類書以後，於哲學大概與從前哲學家的派別，都知道一點了。若覺得有一派特別可喜的，就可搜羅這一派的書詳細閱讀；若覺得沒有一派滿意的，可取再詳細一點的哲學史再看，或者可以引起興趣。至於研究的範圍，亦不必太拘泥，若本來有一種科學的特長的，就可從此入手。如達爾文從生物學進行，羅素從數學進行是。若對於各科學，本沒有特別嗜好，而就從哲學上進行，也可分「博」、「約」兩種，「博」的是各方面都顧到的，如翁特著有《論理學》、《倫理學》、《心理學》，及《其他民族心理》、《哲學入門》等書，阿亭著有純粹論知的《名學》，純粹意志的《倫理學》，純粹感情的《美學》等。「約」的是偏於一方面，如洛克的偏於認識論，克洛綏的偏於美學等。總之，研究的對象，全可自由決定，並不受何等拘束的。

據《文化建設》第一卷第八期，一九三五年五月十日出版。

註釋

1 雅里士多得：Aristotle，即亞里士多德。

2 柏格遜：即柏格森 Henri Bergson。

孔子之精神生活

精神生活，是與物質生活對待的名詞，孔子尚中庸，並沒有絕對的排斥物質生活，如墨子以自苦為極，如佛教的一切惟心造；例如《論語》所記「失飪不食，不時不食」「狐貉之厚以居」，謂「衛公子荊善居室」「從大夫之後，不可以徒行」，對衣食住行，大抵持一種素富貴行乎富貴，素貧賤行乎貧賤的態度。但使物質生活與精神生活在不可兼得的時候，孔子一定偏重精神方面；例如孔子說：「飯疏食，飲水，曲肱而枕之，樂亦在其中矣；不義而富且貴，於我如浮雲。」可見他的精神生活，是決不為物質所搖動的。今請把他的精神生活分三方面來觀察：

第一，在智的方面。孔子是一個愛智的人，嘗說：「蓋有不知而作之者，我無足也；多聞，擇其善者而從之，多見而識之。」又說：「多聞闕疑」「多見闕殆」，又說：「知之為知之，不知為不知，是知也。」可見他的愛智，是毫不含糊，決非強不知為知的。他教子弟通禮、樂、射、御、書、數的六藝，又為分設德行、言語、政事、文學四科，彼勸人學詩，在心理上指出「興」「觀」「群」「怨」，在倫理上指出「事父」「事君」，在生物上指出「多識於鳥獸草木之名」。（例如《國語》說孔子識肅慎氏之石，防風氏骨節，是考古學；《家語》說孔子知萍實，知商羊，是生物學；但都不甚可信。）可以見知力範圍的廣大至於知力的最高點，是道，就是最後的目的，所以說：「朝聞道，夕死可矣。」這是何等的高尚！

第二，在仁的方面。從親愛起點，「泛愛眾，而親仁」，便是仁的出發點。他的進行的方法用恕字，消極的是「己所不欲，勿施於人」；積極的是「己欲立而立人，己欲達而達人」。他的普遍的要求，是「君子無終食之間違仁，造次必於是，顛沛必於是」。他的最高點，是「伯夷、叔齊，古之賢人也，求仁而得仁，又何怨」「志士仁人，無求生以害仁，有殺人〈身〉以成仁」。這是何等偉大！

第三，在勇的方面。消極的以見義不為為無勇；積極的以童汪錡能執干戈衛社稷可無殤。但孔子對於勇，卻不同仁、智的無限推進，而是加以節制。例如說：「小不忍則亂大謀。」「一朝之忿，忘其身以及其親，非惑歟？」「好勇不好學，其蔽也亂。」「君子有勇而無義為亂，小人有勇而無義為盜。」「暴虎馮河，死而無悔者，吾不與焉，必也臨事而懼，好謀而成者也。」這又是何等謹慎！

孔子的精神生活，除上列三方面觀察外，尚有兩特點：一是毫無宗教的迷信；

二是利用美術的陶養。孔子也言天，也言命，照孟子的解釋，莫之為而為是天，莫之致而至是命，等於數學上的未知數，毫無宗教的氣味。凡宗教不是多神，便是一神；孔子不語神，敬鬼神而遠之，說「未能事人，焉能事鬼」，完全置鬼神於存而不論之列。凡宗教總有一種死後的世界；孔子說：「未知生，焉知死？」「之死而致死之，不仁而不可為也；之死而致生之，不知而不可為也。」毫不能用天堂地獄等說來附會也。凡宗教總有一種祈禱的效驗，孔子說，「丘之禱久矣」「獲罪於天，無所禱也」，毫不覺得祈禱的必要。所以孔子的精神上，毫無宗教的分子。

孔子的時代，建築、雕刻、圖畫等美術雖然有一點萌芽，還算是實用與裝飾的工具，而不信為獨立的美術；那時候認為純粹美術的是音樂。孔子以樂為六藝之一，在齊聞韶，三月不知肉味。謂：「韶盡美矣，又盡善也。」對於音樂的美感，是後人所不及的。

孔子所處的環境與二千年後的今日，很有差別；我們不能說孔子的語言，到今日還是句句有價值，也不敢說孔子的行為，到今日還是樣樣可以做模範。但是抽象的提出他精神生活的概略，以智、仁、勇為範圍，無宗教的迷信而有音樂的陶養，這是完全可以為師法的。

第二部份　美學

美學的進化[1]

我已經講過美術的進化了，但我們不是稍稍懂得一點美學，決不能知道美術的底蘊，我所以想講講美學。今日先講美學的進化。

我們知道，不論哪種學問，都是先有術後有學，先有零星片段的學理，後有條理整齊的科學。例如上古既有烹飪，便是化學的起點。後來有藥方，有煉丹法，化學的事實與理論，也陸續的發佈了。直到十八世紀，始成立科學。美學的萌芽，也是很早。中國的《樂記》、《考工記．梓人》篇等，已經有極精的理論。後來如《文心雕龍》，各種詩話，各種評論書畫古董的書，都是與美學有關。但沒有人能綜合各方面的理論，有系統的組織起來，所以至今還沒有建設美學。

在歐洲古代，也是這樣。希臘的大哲學家，如柏拉圖、雅里士多德[2]等，都有關於美學的名言。柏氏所言，多關於美的性質；雅氏更進而詳論各種美術的性質。柏氏於美術上提出「模仿自然」的一條例，後來贊成他的很多。到近來覺得最高的美術，尚須修正自然，不能專說模仿了。雅氏對於美術，提出「複雜而統一」一條例，至今尚顛撲不破。譬如我在這個黑板上畫一個圓圈，是統一的，但不覺得美，因為太簡單。又譬如我左邊畫幾個人，右邊畫個動物，中間畫些山水、房屋、花木等類，是複雜的；但也不覺得美，因為彼此不相連貫，沒有統系，就是不統一。所以既要複雜，又要統一，確是美術的公例。

羅馬時代的文學家、雄辯家、建築家，關於他的專門技術，間有著作。到文藝中興時代，文喜[3]（Leonardo da Vinci）、埃爾倍西[4]（Leone Battiota Alberti）、宗尼尼[5]（Cemino Cennine）等美術家，尤注意於建築與圖畫的理論。那時候科學還不很發達，不能大有成就。十七世紀，法國的詩人，有點新的見解。其中如波埃羅[6]（Borlean-Despeaux）於所著《詩法》中提出「美不外乎真」的主義，很震動一時。用學理來分析美的原素，為美學先驅的，要推十七、十八世紀的英國經驗派心理學家。他們知道美的賞鑒，是屬於感情與想像力的。美的判斷，不專是認識的。而且美的感情，也與別種感情有不同的點。如呵末[7]（Hume）說美的快感，是超脫的；與道德的實用的感情不同。又如褒爾克[8]（Burke）研究美感的種類，說「美」是一見就生快感的；這是與人類合群的衝動有關。「高」初見便覺不快，彷彿是危險的；這是與人類自存的衝動有關。但後來仍有快感，因知道這是我們觀察中的假象。都是美學家最注意的問題。

以上所舉的哲學家，雖然有美學的理論，但都附屬在哲學的或美術的著作中。不但沒有專門美學的書，還沒有美學的專名，與中國一樣。直到一七五零年，德國鮑格登[9]（Alexander Baumgarten）著《愛斯推替克》（*Aesthetica*）一書，專論美感。「愛斯推替克」一字，在希臘文本是感覺的意義；經鮑氏著書後，就成美學專名；各國的學者都沿用了。這是美學上第一新紀元。

鮑氏以後，於美學上有重要關係的，是康德（Kant）的著作。康德的哲學，是批評論。他著《純粹理性批評》，評定人類和知識的性質。又著《實踐理性批評》，評定人類意志的性質。前的說現象界的必然性，後的說本體界的自由性。這兩種性質怎麼能調和呢？依康德見解，人類的感情是有普遍的自由性，有結合純粹理性與實踐理性的作用。由快不快的感情起美不美的判斷，所以他又著《判斷力批評》一書。書中分《究竟論》、《美論》二部，《美論》上說明美的快感是超脱的，與呵末同。他說官能上適與不適、實用上良與不良、道德上善與不善，都是用一個目的作標準。美感是沒有目的，不過主觀上認為有合目的的性，所以超脱。因為超脱，與個人的利害沒有關係，所以普遍。他分析美與高的性質，也比褒爾克進一步。他說高有大與強二種，起初感為不快，因自感小弱的原故。後來漸漸消去小弱的見，自覺與至大至強為一體，自然轉為快感了。他的重要的主張，就是無論美與高，完全屬於主觀，完全由主觀上想像力與認識力的調和，與經驗上的客觀無涉。所以必然而且普遍，與數學一樣。自康德此書出後，美學遂於哲學中佔重要地位；哲學的美學由此成立。

紹述康德的理論，又加以發展的，是文學家希洛[10]（Schiller）。他所主張的有三點：一、美是假象，不是實物，與遊戲的衝動一致。二、美是全在形式的。三、美是複雜而又統一的，就是沒有目的而有含目的的性的形式。

以後盛行的，是理想派哲學家的美學。其中最著名的：如隋林[11]（Schelling）的哲學，謂自然與精神，同出於絕對的本體。本體是平等的，無限的；但我們所生活的現象世界是差別的，有限的。要在觀象世界中體認絕對世界，惟有觀照。知的觀照，屬於哲學；美的觀照，屬於藝術。哲學用真理導人，但被導的終居少數；藝術可以使人人都觀照絕對。隋氏的哲學，是抽象一元論。所以他獨尊抽象，說具象美不過是抽象美的映象。

後來黑格爾（Hegel）不滿意於隋林的抽象觀念論，所以設具象觀念論。他說美是在感覺上表現的理想。理想從知性方面抽象的認識，是真；若從感覺方面具象的表現，是美。表現的作用愈自由，美的程度愈高。最幼稚的是符號主義，如古代埃及、敍利亞、印度等藝術，是精神受自然壓制，心能用一種符號表示不明瞭的理想。進一步是古典主義，如希臘人對於自然，能維持精神的獨立；他們的藝術，是自然與精神的調和。又進一步，是浪漫主義，如中世紀基督教的美術，是完全用精神支配自然。

與黑氏同時有叔本華（Schopenhauer），他是說世界的本體，是盲目的意志。人類在現象世界，因有欲求，所以常感苦痛。要去此苦痛，惟有回向盲目的本體。回向的作用，就是賞鑒藝術。叔氏分藝術為四等：第一是高的，第二是美的，第三是美而有刺激性的，第四是醜的。

理想派的美學，多注重內容，於是有紹述康德偏重形式的一派。創於海伯脱[12]（Herbart），大成於齊末曼[13]（Zimmermann）。齊氏所定的三例：一、簡平的對象，不能起美學的快感與不快感。二、複合的對象，有美學的快感與不快感。但從形式上起來。三、形式以外的部份（如材料等）全無關係。

由形式論轉為感情論的是克爾門[14]（Kirchmann），他說美是一種想體，就是實體的形象；但這實體必要有感興的，且取他形象時，必要經理想化，可以起人純粹的感興。

把哲學的美學集大成的，是哈脫門[15]（Hartmann）的美的哲學。哈氏說理想的自身，並不就是美；理想的內容表現為感覺上的假象，才是美。這個假象，是完全具象的。若理想的內容，不能完全表現為假象，就減少了美的程度。愈是具象的，就愈美。所以哈氏分美為七等，由抽象進於具象：第一是官能快感，第二是量美，第三是力美，第四是工藝品，第五是生物，第六是族性，第七是個性。

從鮑格登到哈脫門，都是哲學的美學，都是用演繹法的。哈氏的《美的哲學》，在一八八七年出版。前十七年即一八七一年，費希耐[16]（Gustav Thecdor Fechner）發佈一本小書，叫作《實驗美學》（*Zur Experimentalen Ästhetik*）。及一八七六年又發佈一書，叫他《美學的預科》[17]（*Vorschule der Ästhetik*），他是主張用歸納法治美學，建設科學的美學；這是美學上第二新紀元。費氏的歸納法，用三種方法考驗量美。一、選擇法：用各種不同的長方形，令人選取最美觀的。二、裝置法：用硬紙兩條，令人排成十字架，看他橫條置在縱條那一點。三、用具觀察法：把普通人日常應用品物，如信箋、信封、糖匣、煙盒、畫幅等，並如建築上門、窗等，都量度他縱橫兩面長度的比例，求得最大多數的比例是甚麼樣。前兩法的結果，是大多數人所選擇或裝置的，都與崔新[18]（Adolf Zeising）所發見的截金法相合；就是三與五、五與八、八與十三等比例。但是第三種的結果費氏卻沒有報告。

費氏以後，從事實驗的，如惠鐵梅[19]（Witmer）、射加爾[20]（Segal）等用量美；伯開（Baker）、馬育（Major）等用色彩；摩曼[21]（Meumann）、愛鐵林該（Ettlinger）等用聲音；孟登堡[22]（Munstenberg）、沛斯[23]（Peirce）等用各種簡單線的排列法。都有良好的結果；但都是偏於一方面的。又最新的美學家，如康德派的科恩[24]（Cohn），黑格爾派的維綏[25]（Vischer），注重感情移入主義的栗丕斯[26]（Th. Lipps）、富開爾[27]（Volkelt），英國證明遊戲衝動說的斯賓塞爾（Spencer），法國反對超脫主義的紀約（Guyau）等，所著美學，也多採用科學方法，但是立足點仍在哲學。所以科學的美學，至今還沒完全成立。摩曼於一九零八年發佈《現代美學緒論》，又於一九一四年發佈《美學的系統》，雖然都是小冊，但對於美學上很有重要的貢獻。他說建設科學的美學，要分四方面研究：（一）藝術家的動機，（二）賞鑒家的心理，（三）美術的科學，（四）美的文化。若照此計劃進行，科學的美學當然可以成立了。

據《北京大學日刊》第八一一號（一九二一年二月十九日出版），並參閱蔡元培手稿。

註釋

1 一九二零年秋，蔡元培在湖南作過幾次講演，演說詞記錄稿曾刊載於當時的長沙各報。一九二一年初，他在赴歐美考察教育途中，將這些記錄稿加以修改，寄回北大，在《北京大學日刊》上陸續發表，此篇是他在湖南第九場講演的演說詞。

2 雅里士多德：即亞里士多德 Aristotle。

3 文喜：Leonardo da Vinci，意大利畫家、雕塑家、建築師、科學家，今譯達文西／達・芬奇。

4 埃爾倍西：Leone Battiota Alberti，意大利建築師、建築理論家，今譯阿爾貝蒂・利昂納・巴蒂斯塔。

5 佘尼尼：Cemimo Cennine，意大利畫家、雕塑師、美術理論家，今譯切尼尼。

6 波埃羅：Borlean-Despeaux，法國著名詩人、美學家、文藝批評家，被稱為古典主義的立法者和發言人，今譯布瓦洛。

7 呵末：即休謨 David Hume。

8 褒爾克：Edmund Burke，愛爾蘭政治理論家、哲學家，今譯伯克。

9 鮑格登：即鮑姆加登 Alexander Gottlieb Baumgarten。

10 希洛：即席勒 Friedrich Schiller。

11 隋林：即謝林 Friedrich Wilhelm Joseph von Schelling。

12 海伯脫：即赫爾巴特 Johann Friedrich Herbart。

13 齊末曼：Robert Zimmermann，奧地利哲學家，今譯齊默爾曼。

14 克爾門：Julius Hermann von Kirchmann，德國美學家，今譯基爾希曼。

15 哈脫門：Nicolai Hartmann，德國哲學家、美學家，今譯哈特曼。

16 費希耐：即費希納 Gustav Thecdor Fechner。

17 《美學的預科》：蔡元培後來將此書譯為《美學的預備》。

18 崔新：Adolf Zeising，德國數學家，今譯蔡辛。

19 惠鐵梅：Lightner Witmer，德國心理學家，今譯威特默。

20 射加爾：Jacob Segal，美國心理學家，今譯西格爾。

21 摩曼：Meumann，德國實驗心理學家，今譯梅伊曼。

22 孟登堡：Munstenberg，美國心理學家，今譯孟斯特伯格。

23 沛斯：即皮爾斯 Charles Sanders Peirce。

24 科恩：Jonas Cohn，德國哲學家，新康德派的代表人物，今譯孔恩。

25 維綏：Friedrich Theodor Vischer 和 Robert Visher 父子，德國美學家，今譯費肖爾。

26 栗丕斯：Theodore Lipps，德國心理學家、美學家，今譯立普斯。。

27 富開爾：Johannes Volkelt，德國哲學家，今譯弗爾凱特。

美學的研究法[1]

摩曼氏主張由四方面研究美學，我前次已經講到了。但甚麼樣研究呢，再詳細點講一講。

實驗美學，是從實驗心理學產生的，所以近來實驗的結果，為偏於賞鑒家的心理。又因美術的理論，古代早已萌芽，所以近來專門研究美術，要組織美術科學的也頗多。一是偏於主觀的，一是偏於客觀的，我們要從主客共通的方面作出發點，就是美術家。他所造的美術是客觀的；他要造那一種的美術的動機是主觀的。我們現在先從美術家的方面來研究，約有六種方法：

第一，搜集美術家對於自己著作的說明。《莊子．天下》篇、《太史公自序》，都是說明著書的大怡。書畫家與人的尺牘，畫家自己的題詞，多有自己說明作意的。歐洲從文藝中興時代到今日，文學家、美術家，此類著作很多。

第二，詢問法。是從美術品中，指出幾個重要點，問原著的美術家。摩曼曾與李曼[2]（Hugo Riemann）等用此法詢問各音樂家；當然可以應用於他種美術。

第三，搜集美術家傳記。如《史記》的《屈原傳》、《司馬相如傳》，各史的《文苑傳》，《元史》的《工藝傳》、《書史會要》、《畫史會要》、《畫徵錄》、《印人傳》等書，文集中文學家、書畫家傳志，後人所作文學家年譜，都是這一類的材料。

第四，美術家心境錄。是從美術家的作品上，推求他心理上偏重處。或偏於觀照，或偏於思索，或偏於意境，或偏於技巧。文學的研究，有比較用詞多寡的，如莎士比亞集中，用詞至一萬五千，彌爾敦[3]集中所用的，止超過他的半數。中國名人的詩集，多有詳注，很可以求出統計的材料。

第五，美術家病理錄。這是意大利一個病理學家龍伯羅梭[4]（Lombroso）提出來的，很可以作心境錄的參證。歐洲文學家如盧梭、尼采等，平時都有病的狀態。法國的蒙派松[5]（Maupassant）死的前一年，竟至病狂。近來都有人研究他們的病理。中國如徐渭、金喟等，也是這一類。

第六，實驗法。這是用同一對象，請多數美術家製作，可以看出各人的偏重點。譬如幾個文人同作一個人的傳狀，幾個詩人同賦一處古蹟，幾個畫家同畫一時景物，必定各各不同。

美術家既需天才，又需學力，天才不高的人，或雖有天才、沒有練習美術的機會，都不能成為美術家。但美感是人人同具的。平常人雖然不是美術家，卻沒有不知道賞鑒美術的。不過賞鑒的程度，高低深淺，種種不同，我們要研究賞鑒家的心理，就比美術家方面的範圍廣得多了。大約用六種方法：

第一，選擇法。這是費希耐用過的，但費氏止用在簡單的量美上，我們不必以長方形縱橫方面長廣的比為限。可以用各種形式，如三角形、多邊形、圓形、橢圓形等，可用幾種形式毗連的配置，可用色彩的映帶，聲音的連續，可用不同派的圖畫與雕刻，可用文學家的著作。

第二，裝置法。這也是費氏用過的，但我們亦不必以十字架為限。可用各種形式不同、色彩不同的片段，湊成最合意的形象，如孩童玩具中，用木塊、或磚塊疊成宮室的樣子，也可用多字集成句子，如文人鬥詩牌、或集碑字成楹聯的樣子。

第三，用具觀察法。這也是費氏用過的，但我們不必以長方形及量美為限。可用於各種用具的形狀、顏色及姿勢。可用於裝飾品。可用於地攤上的花紙，可用於最流行的小說或曲本，可用於最流行的戲劇。

第四，表示法。這是用一種對象給人刺激，用極快的攝影，看他面貌有何表現，姿態有無改變；或用一種傳動與速記的機械，看他的呼吸與脈搏有何等變動；這都是從感情的表示上，用作統計的材料的。始馬汀（Martin）女士曾用滑稽畫試驗。蘇爾此[6]（Schalze）教授曾用二十種不同的圖畫試驗學生，都用此法。

第五，瞬間試驗法。因有一派美學家說美感全由「感情移入」而起；枯爾伯（Kalpe）與戈爾東（Gordon）特用一種美的印象，用極短的時間，刺激受驗的人，令他判斷，看感情不及移入時，有無快感。

第六，間斷試驗法。因人類對於美術，隨時間短長，所感受的狀況不同；所以德若埃（Desoie）用此法來試驗。如給他看一幅圖畫，或十秒鐘時，或二十秒、三十秒時，即遮住了，問他：「所見的是甚麼？覺得怎麼樣？有甚麼想像？」繼續的這樣試驗下去，就可以看出美感的內容與時間很有關係。或念一首詩，念而忽停，停而忽念，問他覺得怎麼樣。這種試驗的結果，知道形象的美術，起初只看到顏色與形色；音樂，止聽到節奏與強度。其次，始接觸到內容。又其次，始見到表示內容的種類。又其次，始參入個人的聯想。

人的美感，常因自然景物而起，如山水，如雲月，如花草，如蟲鳥的鳴聲，不但文學家描寫得很多，就是普通人，也都有賞玩的習慣。但多數美學家，總是用美術作主要的對象。觀念論的黑智爾[7]，與自然論的郎萃（Langl），雖然主義相反，但對於偏重美術的意見，完全相同。黑氏的意思：美是觀念的顯示，這種觀念，不是在偶發的、不純的實物上輕易可以得到的。郎氏的意思：美術都是摹擬自然的，美術的賞玩，是從摹擬上得到一種幻想；在所摹擬的實物上，就沒有這種幻想了。維泰綏克（Witask）說：「我們在自然界接觸大與強的印象，如大海的無涯，雷雨的橫暴，都雜有非美學的分子。就是純粹的美景，也有兩種美術上的關係：（一）片段的，如霞彩，如山勢，如樹狀等，與美術上單純的印象、色彩、形式一樣。（二）統一的，如風景可攝影、可入畫的，我們也已經用美術的條件印證一過，已經看作美術品了。」為這個緣故，所以美學上專從美術行品研究，可以包括自然的美。研究美術，有十種方法：

第一，材料的區別。美術家著作，不能不受材料的限制。建築雕刻上，木材與石材不同。幼稚的石柱、石像，有留存木柱、木像痕跡的，就覺得不美。中國的圖畫，在紙上、絹上，止能用水彩；外國的油畫，在麻布上，止能用油彩。不能用一種眼光去評定他。其他種種不同材料的美術，可以類推。

第二，技能的鑒別。同一對象，畫的有工有拙，同一曲譜，奏的也有工有拙，這都是技能上的關係。又如全體都工，或有一二點不相稱的，是技能不圓到。不是知道這一種美術應具的技能，往往看不出來。

第三，意境的鑒別。同是很工的美術，還有高下、雅俗的區別，這是因為意境不同。美術上往往有「因難見巧」的一派，如纖細的刻鏤，一象牙球，內分幾層，都是刻得剔透玲瓏的；或一斜塔，故意把重心置在一邊，看是將倒，而永不會倒的。又如文學上的回文詩，和詞，步韻，集字，集句等類。雖然極工，不能算很高的美術，就是為他意境不高。又如高等的美術，不為俗眼所賞，大半是意境不易了悟的緣故。

第四，分門的研究。如詩話是研究詩的；書譜、論畫等，是專門研究書法或圖畫的。外國研究美術的，或專研建築，或專研音樂，也是這樣。

第五，斷代的研究。如《兩漢金石記》、《南宋院畫錄》等，以一時代為限。外國研究美術的，或專研希臘時代，或專研文學復古時代，或專研現代，也是這樣。

第六，分族的研究。歐洲有專研中國與日本美術的，有專研究印度美術的，有專研墨西哥或秘魯美術的。

第七，溯原。如德人格羅綏[8]（Grosse）與瑞典人希恒[9]（Hirn）都著有《美術的原始》。

第八，進化的觀察。西人所著美術史，都用此法。

第九，比較。用異民族的美術互相比較，可以求得美術上公例。如謨德[10]（Muth）比較中國古代與日耳曼古代圖案，知道動物圖案的進步，有一定的程序。

第十，綜合的研究。如格羅綏著《美術科學的研究》，司馬落[11]（Schmarsow）著《美術科學的原理》等是。

美術進步，雖偏重個性，但個性不能絕對的自由，終不能不受環境的影響。所以不能不研究美的文化。研究的方法，約有五種：

第一，民族的關係。照人類學與古物學看起來，各種未開化的民族，雖然環境不同，他們那文化總是相類，所以美術也很相近。到一種程度，人類征服自然的能力特別發展，所處的地方不同，就努力不同，因而演成各民族的特性，發生各種不同的文化，就有各種不同的美術。不但中國的文化與歐洲不同，所以兩方的美術不同；就是歐洲人裏面，拉丁族與偷通族、偷通族與斯拉夫族，文化也不盡同，所以美術也不相同。

第二，時代的關係。一時代有特別的文化，就有一時代的美術。六朝的文辭與兩漢的不同，宋人的圖畫與唐人的不同，就是這個緣故。歐洲也是這樣：文藝中興時代的美術與中古時代的不同，現代的又與中古時代的不同。而且一時代又常常有一種特佔勢力的美術：如周朝的彝器，六朝的碑版，唐以後的文學。歐洲也是這樣：希臘人是雕刻，文藝中興時代是圖畫，現代是文學。

第三，宗教的關係。初民的美術常與魔術宗教有關；即文化的民族，也還不免。如周朝尚祖先教，所以彝器特美。六朝及唐崇尚佛教、道教，所以造像、畫像多是佛的名義；建築中最崇閎的，是佛寺、道觀。歐洲中古時代最美的建築，都是禮拜堂，到文藝中興時代，還是借宗教故事來畫當時的人物。

第四，教育的關係。中國古代教育，禮、樂並重，後來不重樂了，所以音樂不進步。又如圖畫及瓷器刺繡等，雖有一時代曾著特色，但沒有專門教育的機關，所以停滯了。歐洲近代各種美術都有教育機關，所以進步很快。且他們科學的教育，比我們進步，普通的人對於光線、空氣、遠景的分別，都很注意；所以美術上也成為公則。我們的教育重摹仿古人，重通式（識），美術也是這樣。他們教育上重創造，重發展個性，所以美術上也時創新派，也注重表示個性。

第五，都市美化的關係。每一國中，往往有一、二都市，作一國美術的中心點。然希臘的雅典，意大利的威尼士、弗羅郎斯、羅馬，法國的巴黎，德國的明興等，固然有自然的美，與宗教上、政治上特別提倡等等因緣，但是這些都市上特別的佈置，一定也大有影響。現在歐洲各國，對於各都市，都謀美化。如道路與廣場的修飾，建築的變化，美術館、音樂場的縱人觀聽；都有促進美術的大作用。我們還沒有很注意的。

照上列各種研究法，分門用功，等到材料略告完備了，有人綜合起來，就可以建設科學的美學了。

據《北京大學日刊》第八一二號（一九二一年二月二十一日出版），並參閱蔡元培手稿。

註釋

1 此篇為蔡元培在湖南的第十一場講演修改稿，曾發表於《繪學雜誌》第三期。

2 李曼：Hugo Riemann，德國音樂學家，今譯黎曼。

3 彌爾敦：John Milton，英國文學家，今譯彌爾頓。

4 龍伯羅梭：Lombroso，意大利犯罪學家、精神病學家、刑事人類學派創始人，今譯龍勃羅梭，又譯隆布羅索。

5 蒙派松：Maupassant，法國作家，今譯莫泊桑。

6 蘇爾比：Schalze，美國心理學家，今譯舒爾茨。

7 黑智爾：即黑格爾 Georg Wilhelm Friedrich Hegel。

8 格羅綏：Ernst Grosse，德國藝術史家、社會學家，現代藝術社會學奠基人之一，今譯格羅塞。

9 希恒：Yrjö Hirn，芬蘭藝術史家，作者誤認為瑞典學者，今譯赫恩。

10 謨德：Carl Muth，德國美術史家，今譯穆斯。

11 司馬茖：August Schmarsow，德國建築史家，今譯施馬索夫。

美學講稿[1]

美學是一種成立較遲的科學，而關於美的理論，在古代哲學家的著作上，早已發見。在中國古書中，雖比較的少一點，然如《樂記》之說音樂，《考工記・梓人》篇之說雕刻，實為很精的理論。

《樂記》先說明心理影響於聲音，說：「其哀心感者，其聲噍以殺；其樂心感者，其聲嘽以緩，其喜心感者，其聲發以散；其怒心感者，其聲粗以厲；其敬心感者，其聲直以廉；其愛心感者，其聲和以柔。」又說：「治世之音安以樂，其政和；亂世之音怨以怒，其政乖；亡國之音哀以思，其民困。」

次說明聲音亦影響於心理，說：「志微噍殺之音作，而民思憂；嘽諧慢易繁文簡節之音作，而民康樂；粗厲猛起奮末廣賁之音作，而民剛毅；廉直勁正莊誠之音作，而民肅敬；寬裕肉好順成和動之音作，而民慈愛；流闢邪散狄成滌濫之音作，而民淫亂。」

次又說明樂器之影響於心理，說：「鐘聲鏗，鏗以立號，號以立橫，橫以立武，君子聽鐘聲，則思武臣；石聲磬，磬以立辨，辨以致死，君子聽磬聲，則思死封疆之臣；絲聲哀，哀以立廉，廉以立志，君子聽琴瑟之聲，則思志義之臣；竹聲濫，濫以立會，會以聚眾，君子聽竽笙簫管之聲，則思畜聚之臣；鼓鼙之聲歡，歡以立動，動以進眾，君子聽鼓鼙之聲，則思將帥之臣。」

這些互相關係，雖因未曾一一實驗，不能確定為不可易的理論；然而聲音與心理有互相影響的作用，這是我們所能公認的。

《考工記》：「梓人為筍虡，……厚唇，弇口，出目，短耳，大胸燿後，大體，短脰，若是者謂之臝屬；恆有力而不能走，其聲大而宏。有力而不能走，則於任重宜，大聲而宏，則於鐘宜。若是以為鐘虡，是故擊其所縣，而由其虡鳴。銳喙決吻，數目顧脰，小體騫腹，若是者謂之羽屬；恆無力而輕，其聲輕陽而遠聞，無力而輕，則於任輕宜，其聲清陽而遠聞，於磬宜；若是者以為磬虡，故擊其所縣，而由其虡鳴。小首而長，摶身而鴻，若是者謂之鱗屬，以為筍。凡攫閷援簭之類，必深其爪，出其目，作其鱗之而。深其爪，出其目，作其鱗之而，則其眡必撥爾而怒；苟撥爾而怒，則於任重宜，且其匪色必似鳴矣。爪不深，目不出，鱗之而不作，則必穨爾如委矣；苟穨爾如委，則加任焉，則必如將廢措，其匪色必似不鳴矣。」

這是象徵的作用，而且視覺與聽覺的關聯，幻覺在美學上的價值，都看得很透徹了。

自漢以後，有《文心雕龍》、《詩品》、詩話、詞話、書譜、畫鑒等書，又詩文集、筆記中，亦多有評論詩文書畫之作，間亦涉建築、雕塑與其他工藝美術，亦時有獨到的見解；然從未有比較貫串編成系統的。所以我國不但無美學的名目，而且並無美學的雛型。

在歐洲的古代，也是如此。希臘哲學家，如柏拉圖、雅里士多德等，已多有關於美術之理論。但至十七世紀，有鮑格登（Bsumgarten）用希臘文「感覺」等名其書，專論美感，以與知識對待，是為「美學」名詞之託始。至於康德，始確定美學在哲學上之地位。

康德先作純粹理性批評，以明知識之限界；次又作實踐理性批評，以明道德之自由；終乃作判斷力批評，以明判斷力在自然限界中之相對的自由，而即以是為結合純粹理性與實踐理性之作用。又於判斷力中分為決定的判斷與審美的判斷，前者屬於目的論的範圍，後者完全是美學上的見解。

康德對於美的定義，第一是普遍性。蓋美的作用，在能起快感；普通感官的快感，多由於質料的接觸，故不免為差別的，而美的快感，專起於形式的觀照，常認為普遍的。

第二是超脱性。有一種快感，因利益而起；而美的快感，卻毫無利益的關係。他説明優美、壯美的性質，亦較前人為詳盡。

自有康德的學説，而在哲學上美與真善有齊等之價值，於是確定；與論理學、倫理學同佔重要的地位，遂無疑義。

然在十九世紀，又有費希耐氏，試以科學方法治美學，謂之自下而上的美學，以與往昔自上而下的美學相對待，是謂實驗美學。費氏用三種方法，來求美感的公例：一是調查，凡普通門、窗、箱、匣、信箋、信封等物，求其縱橫尺度的比較；二是裝置、剪紙為縱橫兩畫，令多數人以橫畫置直畫上，成十字，求其所製地位之高下；三是選擇，製各種方形，自正方形始，次列各種不同之長方形，令多數人選取之，看何式為最多數。其結果均以合於截金術之比例者為多。

其後，馮德與摩曼繼續試驗，或對於色，或對於聲，或對於文學及較為複雜之美術品，雖亦得有幾許之成績，然問題複雜，欲憑業經實驗的條件而建設歸納法的美，時期尚早。所以現在治美學的，尚不能脱離哲學的範圍。

費希耐爾於創設前述試驗法外，更於所著自下而上的美學中，說明美感的條件有六：第一，美感之閾，心理學上本有意識閾的條件，凡感觸太弱的，感官上不生何等影響。美感也是這樣，要引起美感的，必要有超乎閾上的印象。例如，微弱的色彩與聲音、習見習聞的裝飾品，均不足以動人。第二，美的助力，由一種可以引起美感的對象，加以不相反而相成的感印，則美感加強。例如，徒歌與器樂，各有美點，若於歌時以相當的音樂配起來，更增美感。第三，是複雜而統一。這是希臘人已往發見的條件，費氏經觀察與試驗的結果，也認為重要的條件。統一而太簡單，則乏味；複雜而不相聯屬，則討厭。第四，真實。不要覺得有自相衝突處，如畫有翼的天使，便要是能飛的翼。第五，是明白。對於上面所說的條件，在意識上很明白的現出來。第六，是聯想。因對象的形式與色彩，而引起種種記憶中的關係，互相融和。例如，見一個意大利的柑子，形式是圓的，色彩是黃的，這固然是引起美感的了，然而若聯想到他的香味，與他在樹上時襯着暗綠的葉，並且這樹是長在氣候很好的地方，那就是增加了不少的美感。若把這個柑子換了一個圓而黃的球，就沒有這種聯想了。

從費希耐創設實驗法以後，繼起的不少。

惠鐵梅氏（Fightner Witmer）把費氏用過的十字同方形，照差別的大小排列起來，讓看的人或就相毗的兩個比較，或就列上選擇，說出那個覺得美，那個覺得不美。這與費氏的讓人隨便選擇不同了。他的結果，在十字上，兩端平均的，不平均而按着截金術的比例的，覺得美；毗連着截金術的比例的，尤其毗連着平均的，覺得不美，覺得是求平均而不得似的。在方形上，是近乎正方形與合於截金術比例的長方形，覺得美；與上兩種毗連的覺得不美，而真正的正方形，也是這樣。（這是視覺上有錯覺的緣故。）

射加爾（Gacob Segal）再退後一步，用最簡單的直線來試驗，直立的，橫置的，各種斜傾的。看的人對於直立的，覺得是自身獨立的樣子；這對於斜傾的，覺得是滑倒的樣子，就引起快與不快的感情，這就是感情移入的關係。

科恩（G. Cohn）在並列的兩個小格子上填染兩種飽和的色彩，試驗起來，是對稱色並列的是覺得美的，並列着類似的色彩是覺得不美的。又把色彩與光度並列，或以種種不同的光度並列，也都是差度愈大的愈覺得美。但據伯開氏（Einma Baker）及基斯曼氏[2]（A. Kirschmann）的修正，近於相對色的並列，較並列真正相對色覺得美一點。依馬育氏（Major）及梯比納氏[3]（Titchener）的試驗，並列着不大飽和的色彩覺得比很飽和的美一點。

韜氏（Thown）與白貝氏（Barber）用各種飽和程度不同的色與光度並列，試驗後覺得紅藍等強的色，以種種濃淡程度與種種不同程度的灰色相配，是美的；黃綠等弱的，與各度的灰色並列，是不美的。

摩曼氏（Meumann）把並列而覺為不美的兩色中間，選一種適宜的色彩，很窄的參在兩色的中間，就覺得美觀，這可以叫做媒介色。又就並列而不美的兩色中，把一色遮住若干，改為較狹的，也可以改不美為美。

摩曼氏又應用在簡單的音節上。在節拍的距離，是以四分之四與四分之三為引起快感的。又推而用之於種種的音與種種的速度。

雷曼[4]（Alfred Lehmann）用一種表現的方法，就是用一種美感的激刺到受驗的人，而驗他的呼吸與脈搏的變動。馬汀氏（Franlein Martin）用滑稽的圖畫示人而驗他的呼吸的差度。蘇爾此（Rudolf Schulze）用十二幅圖畫，示一班學生，用照相機攝取他們的面部與身體不等的動狀。

以上種種試驗法，都是在賞鑒者一方面，然美感所涉，本兼被動、主動兩方面。主動方面，即美術家著作的狀況。要研究著作狀況，也有種種方法。摩曼氏所提出的有七種：

（一）搜集著作家的自述　美術家對於自己的創作，或說明動機，或敘述經過，或指示目的。文學的自序，詩詞的題目，圖畫的題詞，多有此類材料。

（二）設問　對於美術家著作的要點，設為問題，徵求各美術家的答案，可以補自述之不足。

（三）研究美術家傳記　每一個人的特性，境遇，都與他的作品有關。以他一生的事實與他的作品相印證，必有所得。

（四）就美術品而為心理的分析　美術家的心理，各各不同，有偏重視覺的，有偏重聽覺的；有偏於具體的事物的，有偏於抽象的概念的；有樂觀的，有厭世的；可就一人的著作而詳為分析，作成統計；並可就幾人的統計而互相比較。例如格魯斯與他的學生曾從鞠台[5]（Goethe）、希雷爾[6]（Sehiller）、莎士比亞（Shakespeare）、淮蘋內爾[7]（Wagner）等著作中，作這種研究，看出少年的希雷爾，對於視覺上直觀的工作，遠過於少年的鞠台；而淮蘋內爾氏對於複雜的直觀印象的工作，亦遠過於鞠台。又有人以此法比較詩人用詞的單復，看出莎士比亞所用的詞，過於一萬五千；而密爾頓（Milton）所用，不及其半。這種統計，雖然不過美術家特性的一小部份，然積累起來，就可以窺見他的全體了。

（五）病理上的研究　意大利病理學家龍伯羅梭（Lombroso）曾作一文，叫作《天才與病狂》。狄爾泰（Dilthey）也提出詩人的想像力與神經病。神經病醫生瞞毗烏斯[8]（P. J. Möbius）曾對於最大的文學家與哲學家為病理的研究，如鞠台、叔本華、盧梭、綏弗爾[9]（Scheffel）、尼采等，均有病象可指。後來分別研究的，也很有許多。總之，出類拔萃的天才，他的精力既為偏於一方的發展，自然接近於神經異常的界線。所以病理研究，也是探求特性的一法。

（六）實驗　自實驗心理進步，有一種各別心理的試驗，對於美術家，也可用這種方法來實驗。例如，表象的方法，想像的能力對於聲音或色彩或形式的記憶力，是否超越常人，是可以試驗的。凡圖畫家與雕像家，常有一種偏立的習慣，或探求個性，務寫現實；或抽取通性，表示範疇；我們可以用變換的方法來試驗。譬如，第一次用一種對象，是置在可以詳細觀察的地位，使看的人沒有一點不可以看到的，然後請他們描寫出來。又一次是置在較遠的地位，看的人只可以看到重要的部份，然後請他們描寫。那麼，我們就可以把各人兩次的描寫來比較：若是第一次描寫得很詳細，而第二次描寫得粗略，那就是美術家的普通習慣，若是兩次都寫得很詳細，或兩次都描得很粗略，那就是偏於特性的表現了。

（七）自然科學的方法　用進化論的民族學的比較法，來探求創造美術的旨趣。我們從現在已發達的美術、一點點的返溯上去，一直到最幼稚的作品，如前史時代的作品，如現代未開化人的作品，更佐以現代兒童的作品；於是美術的發生與進展，且純粹美感與輔助實用的區別，始有比較討論的餘地。

右述七種方法，均為摩曼氏所提出。合而用之，對於美術家工作的狀況，應可以窺見概略[10]。

據蔡元培手稿

註釋

1　一九二一年秋，蔡元培在北京大學講授「美學」課程，並兼任國立北京高等師範學校教育研究科教授，講授「美學」課程。是年十一月中旬，「因足病進醫院停止」，此篇是他的美學講稿的一部份，原稿未加標題。

2　基斯曼：即基爾希曼 A. Kirschmann。

3 梯比納：Edward Bradford Titchener，英國心理學家，今譯鐵欽納。

4 雷曼：Alfred Georg Ludvik Lehmann，丹麥心理學家，今譯萊曼。

5 鞠台：Johann Wolfgang (von) Goethe，德國文學家，今譯歌德。

6 希雷爾：即席勒 Friedrich Schiller。

7 淮蘋內爾：Wilhelm Richard Wagner，德國音樂家，今譯瓦格納。

8 瞞毗烏斯：Paul Julius Möbius，德國精神病學家，今譯莫比烏斯。

9 綏弗爾：Joseph Victor von Scheffel，德國小説家、詩人，今譯謝弗爾。

10 蔡元培寫到此處為止。

美學的趨向[1]

（一）主義

在美學史上，各家學說，或區為主觀論與客觀論兩種趨向。但美學的主觀與客觀，是不能偏廢的。在客觀方面，必需具有可以引起美感的條件；在主觀方面，又必需具有感受美的對象的能力。與求真的偏於客觀，求善的偏於主觀，不能一樣。試舉兩種趨向的學說，對照一番，就可以明白了。

美學的先驅，是客觀論，因為美術上著作的狀況，比賞鑒的心情是容易研究一點，因為這一種研究，可以把自然界的實體作為標準。所以，客觀論上常常緣藝術與實體關係的疏密，發生學說的差別，例如，自然主義，是要求藝術與實體相等的；理想主義，是要求藝術超過實體的；形式主義，想像主義，感覺主義，是要求藝術減殺實體的。

自然主義並不是專為美術家自己所倚仗的，因為美術家或者並不注意於把他所感受的照樣表示出來；而倒是這種主義常為思想家所最易走的方向。自然主義，是嚴格的主張美術要酷肖實體的。倫理學上的樂天觀，本來還是問題；抱樂天觀的，把現實世界作為最美滿的，就能把疏遠自然的遊藝，不必待確實的證據就排斥掉麼？自然主義與樂天觀的關係，是一方面；與宗教信仰的關係，又是一方面。若是信世界是上帝創造的，自然是最美的了；無怪乎藝術的美，沒有過於模仿自然的了。

這種世界觀的爭論，是別一問題。我們在美學的立足點觀察，有種種對於自然主義的非難：第一，把一部份的自然很忠實的寫出來，令人有一種不關美學而且與觀察原本時特殊的情感。例如逼真的蠟人，引起驚駭，這是非美學的，而且為晤見本人時所沒有的。第二，凡是叫作美術，總比實體要減殺一點。例如圜景畫，不能有日光、喧聲、活動與新鮮的空氣。蠟人的面上、手上不能有脂肪。石膏型的眼是常開的；身體上各部份客量的變動與精神的經歷相伴的，決不能表示。又如我們看得到的騷擾不安的狀態，也不是美術所能寫照的。第三，我們說的類似，決不是實物的真相。例如滑稽畫與速寫畫，一看是很類似對象的，然而決不是忠實的描寫。滑稽畫所寫的是一小部份的特性；速寫是刪去許多應有的。我們看一幅肖像，就是美術家把他的耳、鼻以至眼睛，都省略了，而純然用一種顏色的痕跡代他們，然而我們還覺得那人的面貌，活現在面前。各派的畫家，常常看重省略法。第四，在最忠實的摹本，一定要把美術家的個性完全去掉，這就是把美術的生命除絕了。因為美術家享用，是於類似的娛樂以外，還有一種認識的愉快，同時並存的。

然而自然主義的主張，也有理由。一方面是關乎理論的；一方面是關乎實際的。在理論方面，先因有自然忠實與實物模擬的更換。在滑稽畫與速寫畫上已看得出自然印象與實物模擬的差別。這種不完全或破碎的美術品，引出對於「自然忠實」語意的加強。然自然主義家若說是自然即完全可以用描寫的方法重現出來，是不可能的事。不過美術上若過於違異自然，引起一種「不類」的感想，來妨害賞鑒，這是要避免的。

自然主義所依據的，又有一端，就是無論甚麼樣理想高尚的美術品，終不能不與生活狀況有關聯。美術上的材料，終不能不取資於自然。然而這也不是很強的論證。因為要製一種可以滿足美感的藝術，一定要把所取的材料，改新一點，如選擇、增加或減少等。說是不可與經驗相背，固然有一種範圍，例如從視覺方面講，遠的物像，若是與近的同樣大小，這自然是在圖畫上所見不到的。卻不能因主張適合經驗而說一種美術品必要使看的、聽的或讀的可以照樣去實行。在美術上，常有附翼的馬與半人半馬的怪物，固然是用實物上所有的材料集合起來的；然而美術的材料，決不必以選擇與聯結為制限，往往把實現的事物，參錯改變，要有很精細的思路，才能尋着他的線索。如神話的、象徵的美術，何嘗不是取材於經驗，但不是從跡象上看得的。

自然主義對於外界實物的關係，既然這樣，還要補充一層，就是他對於精神的經歷，一定也應當同等的描寫出來。然而最樂於實寫感情狀況的，乃正是自然主義的敵手。抒情詩家，常常把他的情感極明顯而毫無改變的寫出來，他的與自然主義，應當比理想主義還要接近一點了。這麼看來，自然主義實在是一種普遍的信仰，不是一種美術家的方向。這個區別是很重要的。在美術史上，有一種現象，我們叫作自然主義的樣式，單是免除理論的反省時，才可以用這個名義。核實的講起來，自然主義，不過是一種時期上侵入的實際作用，就是因反對抽象的觀念與形式而發生的。他不是要取現實世界的一段很忠實的描寫，而在提出一種適合時代的技巧。因為這以前一時期的形式，顯出保守性，是抽象的，失真的；於是乎取這個舊時代的美所佔之地位，而代以新時代的美，就是用「真」來攻擊「理想狂」。人類歷史上常有的狀況，隨着事物秩序的變換而文化界革新，於是乎發見較新的價值觀念與實在的意義，而一切美術，也跟着變動。每個美術家目睹現代的事物，要把適合於現代的形式表白出來，就叫作自然派。這種自然派的意義，不過是已死的理想派的敵手。凡是反對政府與反對教會的黨派，喜歡用唯物論與無神論的名義來製造空氣；美術上的反對派，此是喜歡用自然主義的名義，與他們一樣。

從歷史上看來，凡是自然派，很容易選擇到醜怪與鄙野的材料。這上面第一個理由，是因為從前的美術品，已經把許多對象盡量的描寫過了，而且或者已達到很美觀的地步了；所以，在對待的與獨立的情感上，不能不選到特殊的作品。第二個理由，是新發明的技巧，使人驅而於因難見巧的方向，把不容易着手的材料，來顯他的長技。這就看美術家的本領，能不能把自然界令人不快的內容，改成引起快感的藝術。自然是無窮的，所以能把一部份不諧適的內容調和起來，美術上所取的，不過自然的一小片段，若能含有全宇宙深廣的意義，那就也有擔負醜怪的能力了。

在這一點上，與自然派最相反對的，是理想派。在理想派哲學上，本來有一種假定，就是萬物的後面，還有一種超官能的實在；就是這個世界不是全從現象構成，還有一種理性的實體。美學家用這個假定作為美學的立足點，就從美與舒適的差別上進行。在美感的經歷上，一定有一種對象與一個感受這對象的「我」，在官覺上相接觸而後起一種快感。但是這種經歷，是一切快感所同具的。我們叫作美的，一定於這種從官能上傳遞而發生愉快的關係以外，還有一點特別的；而這個一定也是對象所映照的狀況。所以美術的意義，並不是摹擬一個實物；而實在把很深的實在，貢獻在官能上；而美的意義，是把「絕對」現成可以觀照的形式，把「無窮」現在「有窮」上，把理想現在有界的影相上。普通經驗上的物象，對於他所根據的理想，只能為不完全的表示，而美術是把實在完全呈露出來。這一派學說上所說的理想，實在不外乎一種客觀的普通的概念，但是把這個概念返在觀照上而後見得是美。他的概念，不是思想的抽象，而是理想所本有的。

照理想派的意見，要在美術品指出理想所寄託的點，往往很難；有一個理想家對於靜物畫的說明，說：「譬如畫中有一桌，桌上有書，有杯，有卷煙匣等等，若書是闔的，杯是空的，匣是蓋好的，那就是一幅死的畫。若是畫中的書是翻開的，就是僅露一個篇名，看畫的人，也就讀起來了。」這是一種很巧妙的說明。然而，美術家神妙的作品，往往連自己都說不出所以然。Philipp Otto Runge 遇着一個人，問他所以畫日時循環表的意義，他對答道：「設使我能說出來，就不用畫了。」Mendelssohn 在一封信裏面說：若是音樂用詞句說明，他就不要再用樂譜的記號了。

真正美術品，不能從抽象的思想產出。他的產出的機會，不是在思想的合於論理，而在對於激刺之情感的價值。理想固然是美術上所不可缺的，然而他既然憑着形式、顏色、聲音表示出來，若是要理解他，只能靠着領會，而不能靠着思想。在實際的內容上，可以用概念的詞句來解釋；然而，美術品是還有一點在這個以外的，就是屬於情感的。

注重於情感方面的是形式派。形式派的主張，美術家聽借以表示的與賞鑒的、所以受感動的，都不外乎一種秩序，就是把複雜的材料，集合在統一的形式上。美學的了解，不是這是甚麼的問題，而是這是怎樣的問題。在理想派，不過把形式當作一種內容的記號；而形式派，是把內容擱置了。不但是官能上的感覺，就是最高的世界觀，也置之不顧。他們說，美是不能在材料上求得的，完全在乎形式與組合的均適，顏色與音調的諧和。凡有一個對象的各部份，分開來，是毫沒有美學上價值的；等到連合起來了，彼此有一種關係了，然後發生美學上價值的評判。

要是問形式派，為甚麼有一種形式可以生快感，而有一種不能？普通的答案，就是以明瞭而易於理解的為發生快感的條件，例如，諧和的音節有顫動數的關係；空間部份要均齊的分配；有節奏變拍要覺得輕易的進行，這都是可以引起快感而與內容沒有關係的。

但是，這種完全抽象的理論，是否可以信任，是一問題。例如複雜而統一，是形式上最主要的條件，但是，很有也複雜而也統一的對象，竟不能引起快感的，這是甚麼緣故？一種形式與內容的美術品，要抽取他一部份，而使感覺上毫不受全體的影響，是不可能的事，各部份必不免互相映照的。

形式論是對於實物的全體而專取形式一部份，是數量的減殺；又或就實物的全體而作程度的減殺，這是專取影相的幻想派。他以為現實世界的影相是美術上唯一的對象，因為影相是脫去艱難與壓迫，為無窮的春而不與自然的苛律生關係。美的對象，應當對於生活的關係，毫沒有一點顧慮，而專對於所值的效為享用。我們平常看一種實物，一定想到他於我有甚麼用處，而且他與其他實物有何等關聯，而在美的生活上要脫去這兩種關係。我們的看法，不是為我們有利益，也不是為與他物有影響。他把他的實際消滅了而只留一個影相。由影相上所發生之精神的激刺，是缺少意志作用的。所以在享用的精神上發生情感，有一點作用而比實際上是減殺了。這種影相，較之實際上似乎減殺，而在評判上，反為加增，因為我們認這影相的世界為超過實際而可愛的理想世界。

這種影相論，一轉而為美的感覺論，就更為明瞭。因為影相論的代表，於美的獨立性以外，更注重於感受的作用。他不但主張美的工作有自己的目的，而且主張從美的對象引起自己的快感以後，就能按照所感受的狀況表示出來。凡人對於所感受的狀況，常常覺得是無定的，而可以任意選擇；一定要渡到概念上，才能固定。然而一渡到概念的固定，就是別一種的心境，把最初的觀照放棄了。現在就有一問題，是不是最初的觀照，也可以增充起來，到很清楚很安靜的程度？感覺論者說是可以的，就憑寄在美術上。美術是把觀照上易去的留住了，流動的固定了，一切與觀照連帶的都收容了，構成一種悠久的狀況。凡是造形美術，都是隨視覺的要求而能把實物上無定的形式與色彩之印象，構成有定的實在。例如造像家用大理石雕一個人的肖像，他從那個人所得來的，不過形式；而從材料上所得的，不過把所見的相可以到穩定表示的程度。

每一種造形美術，一定要有一個統一的空間；像人的視覺，雖遠物，也在統一的空間上享受的。在畫家，必須從他的視域上截取一部份，彷彿於四周加一邊框的樣子；而且覷定一個空間的中心點；並且他所用的色彩，也並不是各不相關的點塊，而有互相映照的韻調。他們從遠近物相的感受與記憶的表象，而得一空間的色彩的綜合，以形為圖畫的。在概念的思想家，從現實的屢變之存在形式上，行抽象作用，得到思想形式；而美術家，從靜靜兒變換而既非感受所能把捉，也非記憶所能固定的影相上，取出現照的普遍的美術形式。他們一方面利用自然界所傳遞的效力而專取他的形式，用為有力的表示；一方面又利用材料的限制，如畫板只有平面，文石只有靜相等，而轉寫立體與動狀，以顯他那特殊的技巧。

在這種理論上，已不僅限於客觀方面，而兼涉主觀問題。因為我們所存想的事物，雖不能沒有與表象相當的客體，而我們所感受的聲音或色彩，卻不但物理的而兼為心理的，所以從感受方面觀察，不但不能捨卻主觀，而實融合主、客為一體。這種融合主、客的見解，在美學上實有重大意義。現在我們可以由客觀論而轉到主觀論方面了。

主觀派的各家，除感情移入論等一、二家外，大多數是與客觀派各派有密切關係的。客觀派中的影相論，尤是容易引入主觀派的。他的問題：意識上那一種的狀況是可以用影相來解決的？他的答案：是脫離一切意志激動的。這就是「沒有利益關係的快感」與「不涉意志的觀點」等理論所演出的。這一種理論，是把美的享用與平常官體的享用，分離開來。官能的享受，是必要先佔有的，例如，適於味覺的飲食，適於膚覺的衣料，適於居住的宮室等。美的享用，完全與此等不同。是美的感動與別種感動不但在種類上、而且在程度上不同。因為美的感動，是從人類最深處震盪的，所以比較的薄弱一點，有人用感覺的與記憶的兩種印象來證明。記憶的印象，就是感覺的再現，但是遠不如感覺的強烈，是無可疑的。美的情感，是專屬於高等官能的印象，而且是容易移動的樣子。他的根基上的表象，是常常很速的經過而且很易於重現，他自己具有一種統一性，而卻常常為生活的印象所篡奪，而易於消失。因為實際的情感，是從經驗上發生，而與生活狀況互相關聯為一體；理想的情感，乃自成為一世界的。所以持久性的不同，並不是由於情感的本質，而實由於生活條件的壓迫，就是相伴的環境。我們常常看到在戲院悲劇的末句方唱畢，或音樂場大合奏的尾聲方顫畢，而聽眾已爭趨寄衣處，或互相諧謔，或互相爭論，就毫沒有美的餘感了。我們不能說這種原因就在影相感情上，而可以說是那種感情，本出於特別的誘導，所以因我們生活感想的連續性竄入而不能不放棄。

還有一種主觀上經歷的觀察，與影相論相當的，是以影相的感情與實際的感情為無在不互相對待的。古代美學家本有分精神狀況為兩列，以第一列與第二列為同時平行的，如 Fichte 的科學論，就以這個為經驗根本的。現代的 Witaseks 又繼續這種見解。他說心理事實的經過，可分作兩半；每一經過，在這半面的事實，必有一個照相在那半面。如感覺與想像，判斷與假定，實際的感情與理想的感情，嚴正的願望與想像的願望都是。假定不能不伴着判斷，但是一種想像的判斷，而不是實際的。所以在假定上的感情，是一種影相的感情，他與別種感情的區別，還是強度的減殺。這一種理論上，所可為明顯區別的，還是不外乎實際感情與影相感情，就是正式的感情與想像的感情。至於判斷與假定的對待說，很不容易貫徹。因為想像的感情，也常常伴着判斷，並不是專屬於假定。當着多數想像的感情發生的機會，常把實物在意識上很輕鬆的再現，這並非由知識的分子而來。而且在假定方面，也很有參入實際感情的影響的。快與不快，就是在假定上，也可以使個人受很大的激刺，而不必常留在想像的、流轉的狀況。所以，我們很不容易把想像感情分作互相對待的兩種。因為我們體驗心理的經過，例如在判斷上說，這個對象是綠的；在假定上說，這對象怕是綠的。按之認識論，固然不同，而在心理上，很不容易指出界限來。

影相感情的說明，還以感覺論的影相說為較善，因為彼是以心理狀況為根據的。我們都記得，美術品的大多數，只能用一種覺官去享受他，很少有可以應用於多種覺官的。若實物，就往往可以影響於吾人全體的感態。例如一朵薔薇花，可以看，可以摩，可以嗅，可以味，可以普及於多數覺官，這就是實物的特徵。然而一朵畫的薔薇花，就只屬於視覺，這就是失掉實物的特性了。我們叫作影相的，就是影響於一種覺官，而不能從他種覺官上探他的痕跡。他同小説上現鬼一樣，我們看到他而不能捉摸，我們看他進來了，而不能聽到他的足音，我們看他在活動，而不能感到空氣的振動。又如音樂，是只可以聽到，或可以按着他的節拍而活動，而無關於別種覺官。這些美術的單覺性，就可以證明影相的特性。這種影相的單覺性與實物的多覺性相對待，正如鏡中假象與鏡前實體之對待，也就如想像與感覺的對待。感覺是充滿的，而想像是抽繹的。譬如我想到一個人，心目上若有他面貌的一部份，或有他一種特別的活動，決不能把他周圍的狀況都重現出來，也不能聽到他的語音。在想像上，就是較為明晰的表相，也比較最不明晰的感覺很簡單，很貧乏。

在客觀論上，影相論一轉而為幻想論。幻想的效力，是當然攝入於精神狀態的。而且，這種狀態的發生，是在實物與影相間為有意識的自欺、與有意向的繼續的更迭。這種美的享受，是一種自由的有意的動盪在實在與非實在的中間。也可以説是不絕的在原本與摹本間調和的試驗。我們若是賞鑒一種描寫很好的球，俄而看作真正的球，俄而覺得是平面上描寫的。若是看一個肖像，或看一幅山水畫，不作為純粹的色彩觀，也不作為真的人與山水觀，而是動盪於兩者的中間。又如在劇院觀某名伶演某劇的某人，既不是執着於某伶，也不是真認為劇本中的某人，而是動盪於這兩者的中間。在這種情狀上，實際與影相的分界，幾乎不可意識了。是與否、真與假、實與虛的區別，是屬於判斷上，而不在美的享用上的。

美的融和力，不但泯去實際與影相的界限，而且也能泯去外面自然與內面精神的界限，這就是感情美學的出發點。感情美學並不以感情為只是主觀的狀態，而更且融入客觀，正與理想派哲學同一見解。照 Fichte 等哲學家的觀察，凡是我們叫作客觀的事物，都是由「我」派分出去的。我們回溯到根本上的「我」，就是萬物皆我一體。無論何種對象，我都可以游神於其中，而重見我本來的面目，就可以引起一種美的感情，這是美學上「感情移入」的理論。這種理論，與古代擬人論（Anthropomorphismus）的世界觀，也是相通的。因為我們要了解全世界，只要從我們自身上去體會就足了。而一種最有力的通譯就是美與美術的創造。希臘神話中，有一神名 Narkissos，是青年男子，在水裏面自照，愛得要死，正如馮小青「對影自臨春水照，卿須憐我我憐卿」一樣，在擬人論的思想，就是全自然界都是自照的影子。Narkissos 可以算是美術家的榜樣的象徵。在外界的對象上，把自己的人格參進去，這就是踏入美的境界的初步。所以，美的境界，從內引出的，比從外引進的還多。我們要把握這個美，就憑着我們精神形式的生活與發展與經過。

最近三十年，感情移入說的美學，憑着記述心理學的助力，更發展了。根本上的見解，說美的享受在自己與外界的融和，是沒有改變。但說明「美的享受」所以由此發生的理由，稍稍脫離理想哲學與擬人論的範圍。例如 R. Vischer 說視覺的形式感情，說我們忽看到一種曲線，視覺很平易的進行，忽而像夢境的鬱怒，忽而又急遽的繼續發射。又如 Karl du Prel 說抒情詩的心理，說想像的象徵力，並不要把對象的外形，作為人類的狀態；只要有可以與我們的感想相應和的，就單是聲音與色彩，也可以娛情。詩人的妙想，寄精神於對象上，也不過遠遠的在人類狀況上想起來的。較為明晰的，是 H. Lotze 的說音樂。他說我們把精神上經過的狀況移置在音樂上，就因聲音的特性而愉快。我們身上各機關的生長與代謝，在無數階級的音程上，從新再現出來。凡有從一種意識內容而移到別種的變化，從漸漸兒平滑過去的而轉到跳越的融和，都在音樂上從新再現出來。精神上時間的特性，也附在聲音上。兩方的連合是最後的事實的特性。若是我的感態很容易的在音樂的感態上參入去，那就在這種同性與同感上很可以自娛了。我們的喜聽音樂，就為他也是精神上動作的一種。

在各家感情移入說裏面，以 Theodor Lipps 為最著名。他說感情移入，是先用類似聯想律來解釋音節的享受。每種音節的分子或組合，進行到各人的聽覺上，精神上就有一種傾向，要照同樣的節奏進行。精神動作的每種特別節奏，都向着意識經過的總體而要附麗進去。節奏的特性，有輕鬆，有嚴重，有自由，有連帶，而精神的經過，常能隨意照他們的內容為同樣的振動。在這種情形上，就發生一種個人的總感態，與對象相應和。因為他是把所聽的節奏謄錄過來，而且直接的與他們結合。照 Lipps 的見解，這種經過，在心理學上的問題，就是從意識內容上推論無意識的心理經過與他的效力，而轉為可以了解的意識內容。若再進一步，就到玄學的範圍。Fichte 對於思想家的要求，是觀察世界的時候，要把一切實物的種類都作人為觀；而 Lipps 就移用在美的觀賞上；一切靜止的形式，都作行動觀。感情移入，是把每種存在的都變為生活，就是不絕的變動。Lipps 所最樂於引證的，是簡單的形式。例如對一線，就按照描寫的手法來運動，或迅速的引進而抽出，或不絕的滑過去。但是，對於靜止的線狀，我們果皆作如是觀麼？設要作如是觀，而把內界的經過都照着線狀的運動，勢必以弧曲的蜿蜒的錯雜的形式，為勝於徑直的正角的平行的線狀了。而美的觀賞上，實不必都變靜止為活動，都把空間的改為時間的。例如一幅圖畫的佈置，若照橫面安排的，就應用靜止律。又如一瞥而可以照及全範圍的，也自然用不着運動的作用。

Lipps 分感情移入為二種：一積極的，一消極的。積極的亦名為交感的移入，說是一種自由狀況的快感。當着主觀與客觀相接觸的時候，把主觀的行動融和在客觀上。例如對於建築的形式上，覺得在主觀上有一種輕便的遊戲，或一種對於強壓的抵消，於是乎發生幸福的情感。這種幸福的情感，是一種精神動作的結局。至於美的對象，是不過使主觀容易達到自由與高尚的精神生活就是了，依 Volkelt 的意見，這一種的主觀化，是不能有的，因為感情移入，必要把情感與觀點融和起來；而對象方面，也必有相當的狀況，就是內容與形式的統一。且 Lipps 所舉示的，常常把主觀與客觀作為對談的形式，就是與外界全脫關係，而僅為個人與對象相互的關係；其實，在此等狀況上，不能無外界的影響。

據 Emma V. Ritoòk 的報告，實驗的結果，有許多美感的情狀，並不含有感情移入的關係。就是從普通經驗上講，簡單的飾文，很有可以起快感的，但並不待有交感的作用。建築上如峨特式寺院、羅科科式廳堂等，誠然富有感態，有代表一種精神生活的效力；然如嚴格的紀念建築品，令我們無從感入的，也就不少。

至於 Lipps 所舉的消極的感情移入，是指感不快與不同情的對象，此等是否待感情移入而後起反感，尤是一種疑問。

所以，感情移入的理論，在美的享受上，有一部份可以應用，但不能說明全部；存為說明法的一種就是了。

（二）方法

十九世紀以前，美學是哲學的一部份，所以種種理論，多出於哲學家的懸想。就中稍近於科學的，是應用心理學的內省法。美術的批評與理論，雖間有從歸納法求出的，然而還沒有一個著美學的，肯應用這種方法，來建設歸納法的美學。直到一八七一年，德國 Gustav Theodor Fechner 發表《實驗美學》（*Zur Experimentalen Ästhetik*）論文，及一八七六年發表《美學的預備》（*Vorschule der Ästhetik*）二冊，始主張由下而上的方法（即歸納法），以代往昔由上而下的方法（即演繹法）。他是從 Adolf Zeising 的截金法着手試驗。而來信仰此法的人，就此以為美學上普遍的基本規則。不但應用於一切美術品，就是建築的比例，音樂的節奏，甚而至於人類及動、植、礦物的形式，都用這種比例為美的條件。他的方法，簡單的敘述，就是把一條分作長短兩截，短截與長截的比例，和長截與全線的比例，有相等的關係；用數目說明，就是五與八、八與十三、十三與二十一等等。F氏曾量了多數美觀的物品，覺得此種比例，是不能確定的。他認為，複雜的美術品不必用此法去試驗，只有在最簡單的形式，如線的部份，直角，十字架，橢圓等等，可以推求；但也要把物品上為利便而設的副作用，盡數擺脫，用純粹美學的根本關係來下判斷。他為要求出這種簡單的美的關係起見，請多數的人，把一線上各段的分截，與直角形各種縱橫面的廣狹關係上，求出最美觀的判斷來，然後列成統計。他所用的方法有三種：就是選擇的，裝置的，習用的。第一種選擇法，是把各種分截的線，與各種有縱橫比例的直角形，讓被試驗者選出最美的一式。第二種裝置法，是讓人用限定的材料，裝置最感為美觀的形式。例如裝置十字架，就用兩紙條，一為縱線，一為橫線，置橫線於縱線的那一部份，覺得最為美觀，就這樣裝置起來。第三的習用法，是量比各種習用品上最簡單的形式。F氏曾試驗了多種，如十字架，書本，信箋，信封，石板，鼻煙壺，匣子，窗，門，美術館圖畫，磚，科科糖等，凡有縱橫比例的，都列出統計。他的試驗的結果，在直角形上，凡正方及近乎正方的，都不能起快感；而縱橫面的比例，適合截金法，或近乎此法的，均被選。在直線上，均齊的，或按截金法比例分作兩截的，也被選。在十字架上，橫線上下之縱橫，為一與二之比例的被選。其餘試驗，F氏未嘗發表。

F氏此種方法，最先為Wimdt氏心理實驗室所採用。此後研究的人，往往取F氏的成法，稍加改良。Lightner Witmer仍取F氏所已經試驗的截線與直角形再行試驗，但不似F氏的隨便堆積，讓人選擇；特按長短次序，排成行列。被試驗的人，可以一對一對的比較；或一瞥全列，而指出最合意的與最不合意的。而且，他又注意於視官的錯覺，因為我們的視覺，對於縱橫相等的直角形，總覺得縱的方面長一點；對於縱線上下相等的十字架，總覺得上半截長一點。F氏沒有注意到這種錯覺，W氏新提出來的。W氏所求的結果：線的分截，是平均的，或按截金法比例的與近乎截金法比例的，均當選；獨有近似平均的，最引起不快之感，因為人覺得是求平均而不得的樣子。在直角形上，是近乎正方的，或按照截金法比例的，或近乎截金法比例的，均當選；而真的正方形，卻起不快之感。

Jacob Segal又把W氏的法推廣一點。他不但如F氏、W氏的要求得美的普通關係，並要求出審美者一切經過的意識。F氏、W氏對於被試驗者的發問，是覺得線的那一種方面的關係，或分截的關係，是最有快感的。S氏的發問，是覺得那一種關係是最快的，那一種是不很快的，那一種是不快的，那一種是在快與不快的中間的。這樣的判斷，是複雜得多了。而且，在F氏、W氏的試驗法，被試驗人所判斷的，以直接作用為限；在S氏試驗法，更及聯想作用，因為他兼及形式的表示。形式的表示，就與感情移入的理論有關係。所以，F氏、W氏的試驗法，可說是偏重客觀的；而S氏的試驗法，可說是偏重主觀的。

S氏又推用此法於色彩的排比，而考出色彩上的感情移入，與形式上的不同，因為色彩上的感入，沒有非美學的聯想參入的。

S氏又用F氏的舊法，來試驗一種直線的觀察。把一條直線演出種種的姿勢，如直立、橫放、與各種斜倚等，請被試驗者各作一種美學的判斷。這種簡單的直線，並沒有形學上的關係了；而美學的判斷，就不外乎感情移入的作用。如直立的線，可以有堅定或孤立之感；橫放的線，可以有休息或墜落之感；一任觀察的人發佈他快與不快的感情。

J. Cohn用F氏的方法，來試驗兩種飽和色度的排比，求得兩種對待色的相毗是起快感的；兩種類似色的相毗，是感不快的。而且用色度與明度相毗（明度即白、灰、黑三度），或明度與明度相毗，也是最強的對待，被選。Chown P. Barber 用飽和的色度與不飽和的色度與黑、白等明度相毗，試驗的結果，強於感人的色度，如紅、藍等，用各種飽和度配各種灰度，都是起快感的。若弱於感人的色度，如黃、綠等，配着各種的灰度，是感不快的。

Meumann 又用別的試驗法，把相毗而感不快的色度，轉生快感，就是在兩色中間加一別種相宜色度的細條，或把兩色中的一色掩蓋了幾分，改成較狹的。Meumann 又用 F 氏的裝置法，在音節上試驗，用兩種不同的拍子，試驗時間關係上的快感與不快感。

Munstenberg 與 Pierce 試驗空間的關係，用均齊的與不均齊的線，在空間各種排列上，有快與不快的不同。Stratton 說是受眼筋運動的影響。Kulpe 與 Gordon 曾用極短時間，用美的印象試驗視覺，要求出沒有到「感情移入」程度的反應。Max Mazor 曾用在聽覺上，求得最後一音，以遞降的為最快。

以上種種試驗法，可說是印象法，因為都是從選定的美的印象上進行的。又有一種表現法，是注重在被試驗人所表示的狀況的。如 Alfred Lehmann 提出試驗感情的方法，是從呼吸與脈搏上證明感情的表現。Martin 曾用滑稽畫示人而驗他們的呼吸。Rudolf Shulze 曾用十二幅不同性質的圖畫，示多數學生，而用照相機攝出他們看畫時的面貌與姿勢；令別人也可以考求何種圖畫與何種表現的關係。

據 Meumann 的意見，這些最簡單的美的印象的試驗，是實驗美學的基礎，因為複雜的美術品，必參有美術家的個性；而簡單印象，卻沒有這種參雜。要從簡單印象上作完備的試驗，就要在高等官能上、即視覺聽覺上收羅各種印度（在節奏與造像上也涉及膚覺與運動）。在視覺上，先用各種簡單的或組合的有色的與無色的關係；次用各種簡單的與組合的空間形式；終用各種空間形式與有色、無色的組合。在聽覺上，就用音的連續與音的集合；次用節奏兼音的連續的影響。在這種簡單印象上，已求得普遍的成績，然後可以推用於複雜的美術品。

以上所舉的試驗法，都是在美的賞鑑上着想。若移在美的創造上，試驗較難，然而 Meumann 氏也曾提出各種方法。

第一，是收集美術家關係自己作品的文辭，或說他的用意，或說他的方法，或說他所用的材料。在歐洲美術家、文學家的著作，可入此類的很多。就是中國文學家、書家、畫家，也往往有此等文章，又可於詩題或題畫詩裏面摘出。

第二，是把美術品上有關創造的幾點，都提出來，列成問題，徵求多數美術家的答覆。可以求出他們各人在自己作品上，對於這幾點的趨向。

第三，是從美術家的傳記上，求出他關於著作的材料。這在我們歷史的文苑傳、方技傳與其他文藝家傳志與年譜等，可以應用的。

第四，是從美術家著作上作心理的解剖，求出他個人的天才、特性、技巧與其他地理與時代等等關係。例如文學家的特性，有偏重觀照的，就喜作具體的記述。有偏重懸想的，就喜作抽象的論說。有偏於視覺的，有偏於聽覺的，有視覺、聽覺平行的。偏於視覺的，就注重於景物的描寫；偏於聽覺的，就注重於音調的諧和。Karl Groos 曾與他的弟子研究英、德最著名的文學家的著作。所得的結果，Schiller 少年時偏於觀照，遠過於少年的 Goethe；Wagner 已有多數的觀點，也遠過於 Goethe。又如 Shakespeare 的著作，所用單字在一萬五千以上，而 Milton 所用的，不過比他的半數稍多一點。這種研究方法，在我們的詩文集詳注與詩話等，頗有近似的材料，但是沒有精細的統計與比較。

第五，是病理學的參考。這是從美術家疾病上與他的特殊狀態上，求出與天才的關係。意大利病理學家 Lombroso 曾於所著的《天才與狂疾》中，提出這個問題。

近來繼續研究的不少。德國撒克遜邦的神經病醫生 P. G. Möbius 曾對於文學家、哲學家加以研究：如 Goethe、Sehopenhauer、Rousseau、Scheller、Nietzsche 等，均認為有病的徵候，因而假定一切非常的天才，均因有病性緊張而驅於畸形的發展。這種假定，雖不免近於武斷，然不能不認為有一種理由。其他如 Lombard 與 Lagriff 的研究 Maupassant，Segaloff 的研究 Dostojewsky，也是這一類。我們歷史上，如禰衡的狂，顧愷之的癡，徐文長、李贄、金喟等異常的狀態，也是有研究的價值的。

第六，是以心理學上個性實驗法應用於美術家的心理。一方面用以試驗美術家的天才，一方面用以試驗美術家的技巧。如他們表象的模型，想像力的特性，記憶力的趨向，或偏於音樂，或偏於色相，觀察力的種類，或無心的，或有意的，他們對於音聲或色彩或形式的記憶力，是否超越普通人的平均度？其他仿此。

圖畫家、造像家技術上根本的區別，是有一種注意於各部份忠實的描寫與個性的表現；又有一種注意於均度的模型。

有一試驗法，用各種描寫的對象，在不同的條件上，請美術家描寫：有一次是讓他們看過後，從記憶中寫出來；有一次是置在很近的地位，讓他們可以詳細觀察的；有一次是置在較遠的地位，讓他們只能看到大概。現在我們對於他們所描寫的，可以分別考核了。他們或者無論在何種條件下，總是很忠實的把對象詳細寫出來；或者因條件不同而作各種不同的描寫；就可以知道前者偏於美術上的習慣，而後者是偏於天賦了。

第七，是自然科學的方法，就是用進化史與生物學的方法，而加以人類學與民族心理學的參考。用各時代，各地方，各程度的美術來比較，可以求出美術創造上普遍的與特殊的關係。且按照 Hackel 生物發生原理，人類當幼稚時期，必重演已往的生物史，所以兒童的創造力，有一時直與初民相類。取兒童的美術，以備比較，也是這種方法裏面的一端。

據蔡元培手稿

註釋

1 一九二一年秋，蔡元培在北京大學講授「美學」課程，開始撰寫《美學通論》。這是其中一章。

美學的對象[1]

(一)對象的範圍

一講到美學的對象,似乎美高、悲劇、滑稽等等,美學上所用的靜詞,都是從外界送來,不是自然,就是藝術。但一加審核,就知道美學上所研究的情形,大部份是關乎內界生活的。我們若從美學的觀點,來觀察一個陳設的花瓶,或名勝的風景,普通的民謠,或著名的樂章,常常要從我們的感觸、情感、想像上去求他關聯的條件。所以,美學的對象,是不能專屬客觀,而全然脱離主觀的。

美術品是美學上主要的對象,而美術品被造於美術家,所以,美術家心理的經過,即為研究的對象。美術家把他的想像寄託在美術品上,在他未完成以前,如何起意?如何進行?雖未必都有記述,然而,我們可以從美術品求出他痕跡的,也就不少。

美術家的著作與賞鑑者的領會,自然以想像為主。然而美的對象,卻不專在想像中，而與官能的感覺相關聯。官能感覺，雖普通分為五種，而味覺、膚覺、臭覺，常為美學家所不取。味覺之文，於美學上雖間被借用，如以美學為味學（Gerhmackoleh）、以美的評判為味的評判（Gerhmackurteil）等。吾國文學家也常有趣味、興味、神味等語，屬於美學的範圍。但嚴格講起來，這種都是假借形容，不能作為證據。臭覺是古代宗教家與裝飾家早知利用，寺院焚香與音樂相類，香料、香水與脂粉同功，賞鑑植物的也常常香色並稱，然亦屬於舒適的部份較多。至於膚覺上滑澀精粗的區別，筋力上輕重舒縮的等差，雖也與快與不快的感情有影響，但接近於美的分子，更為微薄。要之，味覺、膚覺，均非以官能直接與物質相切，不生影響。臭覺雖較為超脫，但亦藉極微分子接觸的作用，所以號為較低的官能。而美學家所研究的對象，大抵屬於視覺、聽覺兩種。例如色彩及空間的形式，聲音及時間的繼續，以至於觀劇、讀文學書。美學上種種問題，殆全屬於視、聽兩覺。

美術中，如圖畫、音樂，完全與實用無關，固然不成問題。建築於美觀以外，尚有使安、堅固的需要。又如工藝美術中，或為衣服材料，或為日常用具，均有一種實際上應用的目的；在美學的眼光上，就不能不把實用的關係，暫行閣置，而專從美觀的一方面，加以評判。

美學家間有偏重美術、忽視自然美的一派，Hegel 就是這樣，他曾經看了 Grindwald 冰河，說是不外乎一種奇觀，卻於精神上沒有多大的作用。然而美術的材料，大半取諸自然。我們當賞鑑自然美的時候，常常有無窮的美趣，不是美術家所能描寫的。就是說，我們這一種賞鑑，還是從賞鑑美術上練習而得，然而自然界不失為有一種被賞鑑的資格，是無疑的。

反過來，也有一種高唱自然美、薄視藝術的一派，例如 Wilkelm Hernse 賞蘭因瀑布的美，說無論 Tizien、Rubeut、Venrets 等，立在自然面前，只好算是最幼的兒童，或可笑的猿猴了。又如 Heirnrieh V. Salisch 作森林美學，曾說森林中所有的自然美，已經超過各種陳列所的價值，不知若干倍，我們就是第一個美術院院長。當然，自然上誠有一種超過藝術的美；然而，藝術上除了聲色形式，與自然相類以外，還有藝術家的精神，寄託在裏面。我們還不能信這個自然界，是一個無形的藝術家所創造的；我們就覺得藝術上自有一種在自然美以外獨立的價值。

人體的美，在靜的方面，已佔形式上重要地位。動的方面，動容出辭，都有雅、俗的區別。由外而內，品性的高尚與純潔，便是美的一例。由個人的生活而推到社會的組織，或寧靜而有秩序，或奮激而促進步，就是美與高的表現，這都不能展在美學以外的。

（二）調和

聲音與色彩，都有一種調和的配合。聲音的調和，在自然界甚為罕遇；而色彩的調和，卻常有的。聲音的調和，當在別章推論。請先講色彩的調和。

色彩的配置，有兩種條件：（1）濃淡的程度，（2）聯合的關係。配置聲音的，幾乎完全自主；而配置色彩的，常不能不注意於自然的先例。有一種配合，或者在美的感態上，未必適宜，然而因在自然界常常見到的緣故，也就不覺得齟齬。而且因為色彩的感與實物印象的感，成為聯想，就覺得按照實物並見的狀況，是適當的。例如暗紅與濃綠，似乎不適並置的，然而暗紅的薔薇與它那周圍的綠葉，我們不知道看過多少次了，而我們不適的感覺，就逐漸磨鈍了。若在別種實物的圖畫上，按照這種色彩配置起來，也必能與常見實物的記憶成為聯想，而覺為可觀。但若加以注意，使審察的意識，過於複驗，就將因物體差別的觀念阻礙欣賞；或者使前述的聯想，不過成為一種隨着感態的顫動而已。所以習慣的勢力，不過以美術上實想自然物色彩的範圍為限。

但是實寫自然物，也有不能與自然物同一的條件。在自然上常有一種微微變換的光度，助各種色彩的調和；在美術上就不能不注意於各種色彩的本體。照心理學實驗的結果，知道純是飽和的色彩，與用中性的灰色伴着的色彩，很有不同的影響。又知道鮮明閃爍的色彩，若伴着黯淡的、渾濁的光料，反覺美觀；而伴着別種精細的色彩，轉無快感。駁雜的色彩，是不調和的。鑽石，琺瑯，孔雀尾，煙火等等，光彩眩眼，不能説是不美，而不能算是調和。凡色彩的明度愈大，就是激刺人目的方面，轉換愈多，而近於調和的程度就愈小。兒童與初民，所激賞的，是一種活潑無限的印象。

要試驗色彩的調和，不可用閃爍的色彩；而色彩掩覆的平面，不可過小，也不可過大。過小就各色相毗，近於駁雜；過大就過勞目力，而於範圍以外的地位，現出相對的幻色。又在流轉的光線裏面，判斷也不容易正確。試驗光度的影響，有一種簡單的方法，用白紙剪成小方形，先黏在同色同形而較大的紙上；第二次，黏在灰色紙上；第三次，黏在黑色紙上。因周圍光度的差別，而對於中間方格的白色，就有不同的感覺；畫家可因此而悟利用光度的方法。

在自然界，於實物上有一種流動的光，也是美的性質。大畫家就用各種色彩與光度相關的差次，來描寫他，這就叫作色調。若畫得不合法，就使看的人，準了光度，失了距離的差別；準了距離，而光相又復不存。歐洲最注意於這種狀況的是近時的印象派。從前若比國的Oan van Eyck（一三三六—一四四零），荷蘭的Rembrandt（一六零六—一六六九），法國的Watteau（一六八四—一七二一），英國的Conotable（一七七六—一八三七），Turner（一七七五—一八五一），德國的Böcklin（一八五零—一九零一），都是著名善用色調的畫家。因為有這種種的關係，所以隨舉兩種色彩，如紅與綠，黃與藍，紅與藍，合用起來，是美觀的？還是不美觀的？幾乎不能簡單的斷定。又在自然美與藝術美上，常常用三種色調，所以兩種色調的限制，也覺得太簡單。在現代心理學的試驗，稍稍得一點結論。相對色的合用，能起快感的很少。我們所欣賞的，還是在合用相距不遠的色度。我們看着相對色的合用，很容易覺得無趣味，或太鋭利，就是不調和。這因為每一色的餘像（Nachbclde），被相伴的色所妨害了。而且相對色的並列，一方面是因為後像的復現，獨立性不足；一方面又因為相距太遠，不能一致，所以不易起快感。所以，色彩的調和，或取差別較大的，使有互相映照的功用，而卻不是相對色；或取相近的色彩，而配色的度，恰似加以光力或襯有陰影的原色，就覺得濃淡相間，更為一致。就一色而言，紅色與明紅及暗紅相配，均為快感的引導。尋常用紅色與暗紅相配，在心理上覺得適宜，不似並用相對色的疲目。雖然不是用陰影，而暗紅色的作用，恰與襯陰影於普通紅色相等。

（三）比例

比例是在一種美的對象上，全體與部份，或部份與部份，有一種數學的關係。聽覺上為時間的經過，視覺上為空間的形式。除聽覺方面，當於別章討論外，就視覺方面講起來，又有關於排列與關於界限的兩種。

關於排列的，以均齊律為最簡單。最均齊的形式，是於中線兩旁，有相對的部份，它們的數目、地位、大小，沒有不相等的。在動物的肢體上，在植物的花葉上，常常見到這種形式。在建築、雕刻、圖畫上，合於這種形式的，也就不少。然而，我們若是把一個圓圈，直剖為二，雖很均齊，而內容空洞，就不能發起快感。又如一切均齊的形式，可以說是避免醜感的方面多，而積極發起美感的方面較少。在複雜的形式上，要完成它的組織與意義，若拘泥均齊律，常恐不能達到美的價值。

我們若用西文寫姓名，而把所寫的地位上的空白紙折轉來，印成所寫的字，這是兩方完全相等的，然而看的人，或覺得不過如此，或覺得有一點好看，雖因聯想的關係，程度不必相同，而總不能引起美學的愉快。這種狀況，就引出兩個問題：（1）為甚麼均齊的快感，常屬於一縱線的左右，而不屬於一橫線的上下？（2）為甚麼重複的形式，不能發生美的價值？

解答第一個問題，是有習慣的關係與心理的關係。我們習慣上所見的動物、植物的均齊狀況，固然多屬於左右的。就是簡單的建築與器具，在工作上與應用上便利，都以左右相等為宜。我們因有這種習慣，所以於審美上也有這種傾向。心理上有視官錯覺的公例，若要看得上下均等，為一與一的比例，我們必須把上半做成較短一點才好。例如，S與8，我們看起來，是上下相等了；然而倒過來一看，實在是S與8，下半比上半大得多了。我們若是把四方形或十字形來試驗，上下齊等的關係，更可以明瞭這種錯覺。因這個緣故，所以確實的上下均齊，是不能有美感的。

解答第二個問題，是我們的均齊律，不能太拘於數學的關係，與形式的雷同，而只要求左右兩方的均勢。在圖畫上，或左邊二人而右邊只有一人；或左邊的人緊靠着中心點，而右邊的人卻遠一點兒。這都可以佈成均勢。人體的姿勢，無論在實際上，在美術上，並不是專取左右均齊，作為美的價值；常常有選取兩邊的姿勢，並不一致；而筋肉的張弛，適合於用力狀況的。

均勢的形式，又有兩種關係：（1）人體的姿勢，受各種運動的牽制，或要伸而先屈，要進而先退；或如柔軟體操及舞蹈時，用互相對待的姿勢，隨時變換。（2）是主觀與客觀間為相對的動感，如我們對着一個屈伏的造像，就不知不覺的作起立的感想。這種同情的感態，不是有意模仿，而是出於一種不知不覺間調劑的作用。

別一種的比例，就是截金法，a:b=b:(a+b)。從 Giotto 提出以後，不但在圖畫、雕刻、建築上得了一個標準，而且對於自然界，如人類、動植物的形式，也有用這個作為評判標準的。經 Fechner 的試驗，覺得我們所能起快感的形式，並不限於截金術的比例。

註釋

1 本篇為《美學通論》的一章，一九二一年秋開始撰寫。

第三部份　美育

以美育代宗教說

兄弟於學問界未曾為系統的研究，在學會中本無可以表示之意見。惟既承學會諸君子責以講演，則以無可如何中，擇一於我國有研究價值問題為到會諸君一言，即以美育代宗教之說是也。

夫宗教之為物，在彼歐西各國已為過去問題。蓋宗教之內容，現皆經學者以科學的研究解決之矣。吾人遊歷歐洲，雖見教堂棋佈，一般人民亦多入堂禮拜，此則一種歷史上之習慣。譬如前清時代之袍褂，在民國本不適用，然因其存積甚多，毀之可惜，則定為乙種禮服而沿用之，未嘗不可。又如祝壽、會葬之儀，在學理上了無價值，然戚友中既以請帖、訃聞相招，勢不能不循例參加，藉通情愫。歐人之沿習宗教儀式，亦猶是耳。所可怪者，我中國既無歐人此種特別之習慣，乃以彼邦過去之事實作為新知，竟有多人提出討論。此則由於留學外國之學生，見彼國社會之進化，而誤聽教士之言，一切歸功於宗教，遂欲以基督教勸導國人。而一部份之沿習舊思想者，則承前說而稍變之，以孔子為我國之基督，遂欲組織孔教，奔走呼號，視為今日重要問題。

自兄弟觀之，宗教之原始，不外因吾人精神之作用構成。吾人精神上之作用，普通分為三種：一曰知識；二曰意志；三曰感情。最早之宗教，常兼此三作用而有之。蓋以吾人當未開化時代，腦力簡單，視吾人一身與世界萬物，均為一種不可思議之事。生自何來？死將何往？創造之者何人？管理之者何術？凡此種種皆當時之人所提出之問題，以求解答者也。於是有宗教家勉強解答之。如基督教推本於上帝，印度舊教則歸之梵天，我國神話則歸之盤古。其他各種現象，亦皆以神道為惟一之理由。此知識作用之附麗於宗教者也。且吾人生而有生存之慾望，由此慾望而發生一種利己之心。其初以為非損人不能利己，故恃強凌弱，掠奪攫取之事，所在多有。其後經驗稍多，知利人之不可少，於是有宗教家提倡利他主義。此意志作用之附麗於宗教者也。又如跳舞、唱歌，雖野蠻人亦皆樂此不疲。而對於居室、雕刻、圖畫等事，雖石器時代之遺蹟，皆足以考見其愛美之思想。此皆人情之常，而宗教家利用之以為誘人信仰之方法。於是未開化人之美術，無一不與宗教相關聯。此又情感作用之附麗於宗教者也。天演之例，由渾而畫。當時精神作用至為渾沌，遂結合而為宗教。又並無他種學術與之對，故宗教在社會上遂具有特別之勢力焉。

迨後社會文化日漸進步，科學發達，學者遂舉古人所謂不可思議者，皆一一解釋之以科學。日星之現象，地球之緣起，動植物之分佈，人種之差別，皆得以理化、博物、人種、古物諸科學證明之。而宗教家所謂吾人為上帝所創造者，從生物進化論觀之，吾人最初之始祖實為一種極小之動物，後始日漸進化為人耳。此知識作用離宗教而獨立之證也。宗教家對於人群之規則，以為神之所定，可以永遠不變。然希臘詭辯家，因巡遊各地之故，知各民族之所謂道德，往往互相抵觸，已懷疑於一成不變之原則。近世學者據生理學、心理學、社會學之公例，以應用於倫理，則知具體之道德不能不隨時隨地而變遷。而道德之原理則可由種種不同之具體者而歸納以得之。而宗教家之演繹法，全不適用。此意志作用離宗教而獨立之證也。

知識、意志兩作用，既皆脱離宗教以外，於是宗教所最有密切關係者，惟有情感作用，即所謂美感。凡宗教之建築，多擇山水最勝之處，吾國人所謂天下名山僧佔多，即其例也。其間恒有古木名花，傳播於詩人之筆，是皆利用自然之美以感人者。其建築也，恆有峻秀之塔，崇閎幽邃之殿堂，飾以精緻之造像，瑰麗之壁畫，構成黯淡之光線，佐以微妙之音樂。讚美者必有著名之歌詞，演説者必有雄辯之素養，凡此種種皆為美術作用，故能引人入勝。苟舉以上種種設施而屏棄之，恐無能為役矣。然而美術之進化史，實亦有脱離宗教之趨勢。例如吾國南北朝著名之建築，則伽藍耳。其周雕刻，則造像耳。圖畫，則佛像及地獄變相之屬為多。文學之一部份，亦與佛教為緣。而唐以後詩文，遂多以風景人情世事為對象。宋元以後之圖畫，多寫山水花鳥等自然之美。周以前之鼎彝，皆用諸祭祀。漢唐之吉金，宋元以來之名瓷，則專供把玩。野蠻時代之跳舞，專以娛神，而今則以之自娛。歐洲中古時代留遺之建築，其最著者率為教堂。其雕刻圖畫之資料，多取諸新舊約。其音樂，則附麗於讚美歌。其演劇，亦排演耶穌故事，與我國舊劇《目蓮救母》相類。及文藝復興以後，各種美術漸離宗教而尚人文。至於今日，宏麗之建築多為學校、劇院、博物院。而新設之教堂，有美學上價值者，幾無可指數。其他美術，亦多取資於自然現象及社會狀態。於是以美育論，已與宗教分合之兩派。以此兩派相較，美育之附麗於宗教者，常受宗教之累，失其陶養之作用，而轉以激刺感情。

蓋無論何等宗教，無不有擴張己教、攻擊異教者殺之。基督教與回教衝突，而有十字軍之戰，幾及百年。基督教中又有新舊教之戰，亦亙數十年之久。至佛教之圓通，非他教所能及。而學佛者苟牽教義之成見，則崇拜舍利受持經懺之陋習，雖通人亦肯為之。甚至為護法起見，不惜於共和時代，附和帝制。宗教之為累，一至於此。皆激刺感情之作用為之地。鑑激刺感情之弊，而專尚陶養感情之術，則莫如捨宗教而易以純粹之美育。

純粹之美育，所以陶養吾人之感情，使有高尚純潔之習慣，而使人我之見、利己損人之思念，以漸消沮者也。蓋以美為普遍性，決無人我差別之見能參入其中。食物之入我口者，不能兼果他人之腹；衣服之在我身者，不能兼供他人之溫，以其非普遍性也。美則不然。即如北京左近之西山，我遊之，人亦遊之；我無損於人，人亦無損於我也。隔千里兮共明月，我與人均不得而私之。中央公園之花石，農事試驗場之水木，人人得而賞之。埃及之金字塔、希臘之神祠、羅馬之劇場，瞻望賞嘆者若干人，且歷若干年，而價值如故。各國之博物院，無不公開者，即私人收藏之珍品，亦時供同志之賞覽。各地方之音樂會、演劇場，均以容多數人為快。所謂獨樂樂不如與人樂樂，與寡樂樂不如與眾樂樂，以齊宣王之惛，尚能承認之，美之為普遍性可知矣。且美之批評，雖間亦因人而異，然不曰是於我為美，而曰是為美，是亦以普遍性為標準之一證也。

美以普遍性之故，不復有人我之關係，遂亦不能有利害之關係。馬牛，人之所利用者，而戴嵩所畫之牛，韓幹所畫之馬，決無對之而作服乘之想者。獅虎，人之所畏也，而蘆溝橋之石獅，神虎橋之石虎，決無對之而生搏噬之恐者。植物之花，所以成實也，而吾人賞花，決非作果實可食之想。善歌之鳥，恆非食品。燦爛之蛇，多含毒液。而以審美之觀念對之，其價值自若。美色，人之所好也，對希臘之裸像，決不敢作龍陽之想。對拉飛爾[1]若魯濱司[2]之裸體畫，決不敢有周昉秘戲圖之想。蓋美之超絕實際也如是。且於普通之美以外，就特別之美而觀察之，則其義益顯。例如崇閎之美，有至大至剛兩種。至大者如吾人在大海中，惟見天水相連，茫無涯涘。又如夜中仰數恆星，知一星為一世界，而不能得其止境，頓覺吾身之小雖微塵不足以喻，而不知何者為所有，其至剛者，如疾風震霆、覆舟傾屋、洪水橫流、火山噴薄，雖拔山蓋世之氣力，亦無所施，而不知何者為好勝。夫所謂大也、剛也，皆對待之名也。今既自以為無大之可言，無剛之可恃，則且忽然超出乎對待之境，而與前所謂至大至剛者肸合而為一體，其愉快遂無限量。當斯時也，又豈尚有利害得喪之見能參入其間耶！其他美育中如悲劇之美，以其能破除吾人貪戀幸福之思想。《小雅》之怨悱，屈子之離憂，均能特別感人。《西廂記》若終於崔張團圓，則平淡無奇，惟如原本之終於草橋一夢，始足發人深省。《石頭記》若如《紅樓後夢》等，必使寶黛成婚，則此書可以不作。原本之所以動人者，正以寶黛之結果一死一亡，與吾人之所謂幸福全然相反也。又如滑稽畫中之人物，則故使一部份特別長大或特別短小。作詩則故為為諧之聲調，用字則取資於同音異義者。方朔割肉以遺細君，不自責而反自誇；優旃諫漆城，不言其無益，而反謂漆城蕩蕩寇來不得上，皆與實際不相容，故令人失筆耳。要之美學之中，其大別為都麗之美、崇閎之美（日本人譯言優美、壯美）。而附麗於崇閎之悲劇，附麗於都麗之滑稽，皆足以破人我之見，去利害得失之計較，則其所以陶養性靈，使之日進於高尚者，固已足矣。又何取乎侈言陰騭、攻擊異派之宗教，以激刺人心，而使之漸喪其純粹之美感為耶。

註釋

1 拉飛爾：Raffaello Sanzio，意大利畫家，建築師，今譯拉斐爾。

2 魯濱司：Peter Paul Rubens，荷蘭畫家，今譯魯本斯。

美術的進化

前次講文化的內容，方面雖多，歸宿到教育。教育的方面，雖也很多；他的內容，不外乎科學與美術。科學的重要，差不多人人都注意了。美術一方面，注意的還少。我現在要講講美術的進化。

美術有靜與動兩類：靜的美術，如建築、雕刻、圖畫等。佔空間的位置，是用目視的。動的美術，如歌詞、音樂等，有時間的連續，是用耳聽的。介乎兩者之間，是跳舞，他佔空間的位置，與圖畫相類；又有時間的連續，與音樂相類。

跳舞的起源很簡單，動物中，如鴿、雀，如貓、狗，高興時候，都有跳舞的狀態。澳洲有一種鳥，且特別用樹枝造成一個跳舞廳。到跳舞之進化的時候，我們所知道的非、澳、亞、美等洲的未開化人，都有各種跳舞，他那舞人，必是身上畫了花紋，或加上各種裝飾；那就是圖案與裝飾品的起源。跳舞的地方，有在廣場的；但也有在草舍或雪屋中間的，這就是建築的起源。又如跳舞會中，必要唱歌，是詩歌與他種文學的起源。跳舞時，常用簡單的樂器，指示節拍，這就是音樂的起源。似乎各種美術，都隨着跳舞而發生的樣子。所以有人說最早的美術就是跳舞，也不為無。

未開化人的跳舞，本有兩種：一種是體操式，排成行列，注重節奏。中國古代的舞，有一部份屬於此類，如現在文廟中所演的。歐洲人的跳舞會，也是此類。不過未開化人的跳舞，男女分班。男子跳舞時，女子組成歌隊。女子的跳舞會，男子不參加。歐人現在的跳舞會，卻是男女同舞的。歐人歌劇中，例有一段跳舞。全由女子組成，也是體操式的發展。

未開化人的跳舞，又有一種，是演劇式，或摹擬動物狀態，或裝演故事，這就是演劇的起源。我們周朝的武舞，一段一段演武王伐殷的樣子，這已經近於演劇。後來優孟扮演孫叔敖，就是正式的演劇了。我們正式的演劇，元以後始有文學家的曲本。直到今日，還沒有著名的進步。最流行的二黃、梆子等，意淺詞鄙，反更不如崑曲了。歐洲現行的戲劇，約有三種：一是歌劇（Opera），作用歌詞，以悲劇為多。二是白話劇（Drama），全用白話，亦不參用音樂，兼有悲劇喜劇。現在中國人叫作新劇的就是這一類。三是小歌劇（Operetta），歌詞與白話相間，與我們的曲本相類，多是喜劇。以上三種，都出自文學家手筆。時時有新的著作，有種種的派別，如理想派、寫實派、神秘派等。他們的劇場，有專演一種的，也有兼演兩種或三種的，但是一日內所演的劇，總是首尾完具，耐人尋味的。別有一種雜耍館，各幕不相連續。忽而唱歌，忽而諧談，忽而舞蹈，忽而器樂，忽而禽言，忽而獸戲，忽而幻術，忽而賽拳，純為娛耳目起見，不含有何種理想。聞英國的戲場，多是此類，不過有少數的專演名家劇本，此亦英人美術觀念，與意法等國不同的緣故。我們的劇場，雖然並不能摻入幻術、獸戲等等，但是第一注意於唱工戲、武戲、小戲等如何排列；第二注意於唱工戲中，生、旦、淨、末的專戲，應如何排列；純從技術上分配平均起見，並無文學上的關係，尚是雜耍館一類。

最早的裝飾，是畫在身上。熱帶的未開化人用不着衣服，就把各種花紋畫在身上作裝飾。現在婦女的擦脂粉，戲子的打臉譜，是這一類。

進步一點，覺得畫的容易脱去，在皮膚上刻了花紋，再用顏色填上去。大約暗色的民族，用淺的瘢痕；黃色或古銅色的民族，用深的雕紋。我們古人叫作「文身」，或叫作「雕題」，至於不用瘢痕，或雕紋的民族，也有在唇上或耳端鑿一孔，鑲上木片，叫他慢慢兒擴大的。總之都是矯揉造作的裝飾，在文明人的眼光裏，只好算是醜狀了。但是近時的纏足、束腰、穿耳，也是這一類。

進一步，不在皮膚上用工了，用別種裝飾品，加在身上。頭上的冠巾、頭上的掛件、腰上的帶，在未開化人，已經有種種式樣。文化漸進，冠服等類，多為衛生起見，已經漸趨簡單。但尚有叫作「時式」的，如男子時式衣服，以倫敦人為標準；女子時式衣服，以巴黎人為標準。往往幾個月變一個樣子，這也是未開化時代的遺俗罷了。

再進一步，不但裝飾在個人所用的器具上，更要裝飾在大家公共的住所了。穴居時代，已經有壁畫，與摩崖的浮雕。到此時期，漸漸的脱卸裝飾的性質，產生獨立的美術。

器具不但求花紋同色彩的美，更求形式的美。如瓷器及金類玉類等器，均有種種美觀的形式。

雕刻的物象，不但附屬在建築上，演為獨立的造像。中國墓前有石人石馬；寺觀內有泥塑、木雕，玉刻銅鑄的像。雖然有幾個著名的雕塑家，如晉的戴顒，元的劉玄，但是無意識的摹仿品居多數。西洋自希臘時代，已有著名造像家，流傳下來的石像、銅像，都優美得很。自文藝中興時代，直至今日，常有著名的作家。

圖畫也不但附在壁上，演為獨立的畫幅，所畫的，也不但單純的物體，演為複雜的歷史畫，風俗畫，山水畫等。中國的圖畫，算是美術中最發達的，但是創造的少，摹仿的多。西洋的圖畫家，時時創立新派。而且畫空氣，畫光影，畫遠近的距離，畫人物的特性，都比我們進步得多。

建築的美觀，起初限於家庭，後來推行到公共建築，如宗教的寺觀、帝王的宮殿。近來偏重在學校、博物院、圖書館、公園等。最廣的，就是將一所都市，全用美觀的計劃，佈置起來。

以上都是説靜的美術，今要説動的美術，就是詩歌與音樂。

在跳舞會上的歌詞，是很簡單的。演而為獨立的小調，又演而為三派的文學。一是抒情詩，如中國的詩與詞。起初專為歌唱，後來漸漸發展，專用發表感想，不過尚有長短音的分配，韻的呼應。到近來的新體詩，並長短音與韻也可不拘了。一是戲曲。起初全是歌詞，後來參加科白；後來又有一體，完全離音樂而獨立，通體用白話了。一是小説。起初是神話與動物談，後來漸漸切近人事。起初描寫的不過通性，後來漸漸的能表示特性。起初全憑講演，語言與姿態同時發表，後來傳抄印刷，完全是記述與描寫的文學了。

跳舞會的音樂，是專為拍子而設，或用木棍相擊，或用獸皮繃在木頭上。由此進步，演為各種的鼓。澳洲土人有一種竹管，用鼻孔吹的；中國古書説音樂起於伶倫取竹製筒，大約吹的樂器，都由竹管演成的。非洲土人，有一種弓形的樂器，後來演成各種弦器。初民的音樂重在節奏，對於音階的高下，不很注意。近來有種種曲譜，有各種關於音樂的科學，有教授音樂的專門學校；有超出跳舞會與戲劇而獨立的音樂會，真非常的進步了。

觀各種美術的進化，總是由簡單到複雜，由附屬到獨立，由個人的進為公共的。我們中國人自己的衣服、宮室、園亭，知道要美觀，不注意於都市的美化；知道收藏古物與書畫，不肯合力設博物院，這是不合於美術進化公例的。

據《北京大學日刊》第八零七號，一九二一年二月十五日出版。

註：高平叔《蔡元培年譜》一九二一年條記：「去年秋在湖南所作七次講演，本年初在歐洲旅行途中，始將記錄稿加以修改，寄回北京大學，自二月間陸續發表」。中國蔡元培研究會編著的《蔡元培全集》（浙江教育出版社一九九七年版）僅收入《何為文化》、《對於學生的希望》、《對於師範生的希望》、《美術的進化》、《美學的進化》、《美術與科學的關係》、《美學的研究法》七篇文章。

後來陶為衍《蔡元培講稿新發現與陶冷月的藝術》提出：一九二零年十月二十六日，蔡元培先生與羅素、勃勒克小姐、吳稚暉、李石岑、張東蓀、楊端六由武漢坐火車到長沙，與先期抵湘的杜威暨夫人、章太炎、張溥泉等應湖南省教育會之邀舉行為期一週的講學。尤為驚喜的是，湖南《大公報》特闢專欄《名人講演錄》，全文刊載每次講演的記錄稿。蔡元培的講稿共十二篇，其中有兩篇是由毛澤東記錄的。現將蔡元培講演的時間、地點和講演題目整理如下：十月二十七日在遵道會正會場講演《何為文化》，李濟民、楊文冕記錄；在明德學校講演《對於學生的希望》，毛澤東記錄。十月二十八日在第一師範講演《對於師範生的希望》，楊文冕記錄；在岳雲中學講演《中學的教育》，鄧光禹記錄。十月二十九日在兌澤中學講演《學生的責任和快樂》，鼾僧記錄；在遵道會正會場講演《美術的進化》，李濟民、楊文冕記錄。十月三十日在妙高峰第一中學校講演《中學的科學》，何元培記錄；在周南女學講演《美術的價值》，毛澤東記錄。十一月一日在遵道會正會場講演《美學的進化》，李濟民、楊文冕記錄；在第一師範講演《美學與科學之關係》，馬文義記錄。十一月二日在遵道會正會場講演《美學的研究法》，李濟民、楊文冕記錄。十一月三日在醴陵講演《美化的都市》，劉建陽、吳相如記錄。據悉，十二篇記錄稿，已被先後載入《近代史資料》及《陶冷月年譜長編》。陶冷月藝術事業的成功，從一個側面反映了蔡元培先生對二十世紀早期中國畫革新作出的巨大貢獻。

關於宗教問題的談話[1]

將來的人類，當然沒有拘牽儀式、倚賴鬼神的宗教。替代他的，當為哲學上各種主義的信仰。這種哲學主義的信仰，乃完全自由，因人不同，隨時進化，必定是多數的對立，不像過去和現在的只為數大宗教所壟斷，所以宗教只是人類進程中間一時的產物，並沒有永存的本性。

中國自來在歷史上便與宗教沒有甚麼深切的關係，也未嘗感非有宗教不可的必要。將來的中國，當然是向新的和完美的方面進行，各人有一種哲學主義的信仰。在這個時候，與宗教的關係，當然更是薄弱，或竟至無宗教的存在。所以將來的中國，也是同將來的人類一樣，是沒有宗教存在的餘地的。

少年中國學會[2]是一種創造新中國的學術團體。在這個過渡時期，對於宗教，似乎不能不有此一種規定，亦如十餘年前法國的 Misson naique 一樣的要經過一番無宗教的運動才有今日。

我個人對於宗教的意見，曾於十年前出版的《哲學要領》中詳細說過，至今我的見解，還是未嘗變更，始終認為宗教上的信仰，必為哲學主義所替代。

有人以為宗教具有與美術、文學相同的慰情作用，對於困苦的人生，不無存在的價值。其實這種說法，反足以證實文學、美術之可以替代宗教，及宗教之不能不日就衰亡。因為美術、文學乃人為的慰藉，隨時代思潮而進化，並且種類雜多，可任人自由選擇。其親切活潑，實在遠過於宗教之執着而強制。至有因美術、文學多採用宗教上的材料，因而疑宗教是不可廢的，不知這是歷史上一時的現象。因為當在宗教極盛的時候，無往而非宗教，美術、文學，自然也不免取材於此。不特是美術、文學，就是後來與宗教為敵的科學，在西洋中古時代，又何嘗不隸屬於基督教？彼此的關係，又何嘗不深？自文藝中興時代，用時代的人物及風俗寫宗教的事跡，宗教的興味，已漸漸薄弱。後來採取歷史風俗的材料漸多，大多數文學、美術與宗教毫無關係，而且反對宗教之作品，亦日出不窮，其慰藉吾人之作用，仍然存在。因此知道文學、美術與宗教的關係，也將如科學一樣，與宗教無關，或竟代去宗教。我曾主張「美育代宗教」便是此意。

周太玄記，據《少年中國》第三卷第一期，一九二二年八月一日出版。

註釋

1 這是《少年中國》雜誌社周太玄訪問蔡元培所作的記錄。他在這篇談話前面寫有：「我因為宗教問題，特訪蔡先生談話。現在將談話的結果記在下面。周太玄記。」

2 少年中國學會：五四時期的學術性政治團體。

以美育代宗教

我向來主張以美育代宗教，而引者或改美育為美術，誤也。我所以不用美術而用美育者：一因範圍不同，歐洲人所設之美術學校，往往止有建築、雕刻、圖畫等科，並音樂、文學，亦未列入。而所謂美育，則自上列五種外，美術館的設置，劇場與影戲院的管理，園林的點綴，公墓的經營，市鄉的佈置，個人的談話與容止，社會的組織與演進，凡有美化的程度者，均在所包，而自然之美，尤供利用，都不是美術二字所能包舉的。二因作用不同，凡年齡的長幼，習慣的差別，受教育程度的深淺，都令人審美觀念互不相同。

我所以不主張保存宗教，而欲以美育來代他，理由如下：

宗教本舊時代教育，各種民族，都有一個時代，完全把教育權委託於宗教家，所以宗教中兼含着智育、德育、體育、美育的原素。說明自然現象，記上帝創世次序，講人類死後世界等等是智育。猶太教的十誡，佛教的五戒，與各教中勸人去惡行善的教訓，是德育。各教中禮拜、靜坐、巡遊的儀式，是體育。宗教家擇名勝的地方，建築教堂，飾以雕刻、圖畫，並參用音樂、舞蹈，佐以雄辯與文學，使參與的人有超出塵世的感想，是美育。

從科學發達以後，不但自然歷史、社會狀況，都可用歸納法求出真相，就是潛識、幽靈一類，也要用科學的方法來研究他。而宗教上所有的解說，在現代多不能成立，所以智育與宗教無關。歷史學、社會學、民族學等發達以後，知道人類行為是非善惡的標準，隨地不同，隨時不同，所以現代人的道德，須合於現代的社會，決非數百年或數千年以前之聖賢所能預為規定，而宗教上所懸的戒律，往往出自數千年以前，不特掛漏太多，而且與事實相衝突的，一定很多，所以德育方面，也與宗教無關。自衛生成為專學，運動場、療養院的設備，因地因人，各有適當的佈置，運動的方式，極為複雜。旅行的便利，也日進不已，決非宗教上所有的儀式所能比擬。所以體育方面，也不必倚賴宗教。於是宗教上所被認為尚有價值的，止有美育的原素了。莊嚴偉大的建築，優美的雕刻與繪畫，奧秘的音樂，雄深或婉摯的文學，無論其屬於何教，而異教的或反對一切宗教的人，決不能抹殺其美的價值，是宗教上不朽的一點，止有美。

然則保留宗教，以當美育，可行麼？我說不可。

一、美育是自由的，而宗教是強制的；
二、美育是進步的，而宗教是保守的；
三、美育是普及的，而宗教是有界的。

因為宗教中美育的原素雖不朽，而既認為宗教的一部份，則往往引起審美者的聯想，使彼受智育、德育諸部份的影響，而不能為純粹的美感，故不能以宗教充美育，而止能以美育代宗教。

原載《現代學生》第一卷第三期，一九三零年十二月。

美育

美育者，應用美學之理論於教育，以陶養感情為目的者也。人生不外乎意志；人與人互相關係，莫大乎行為；故教育之目的，在使人人有適當之行為，即以德育為中心是也。顧欲求行為之適當，必有兩方面之準備：一方面，計較利害，考察因果，以冷靜之頭腦判定之；凡保身衛國之德，屬於此類，賴智育之助者也。又一方面，不顧禍福，不計生死，以熱烈之感情奔赴之；凡與人同樂、捨己為群之德，屬於此類，賴美育之助者也。所以美育者，與智育相輔而行，以圖德育之完成者也。

吾國古代教育，用禮、樂、射、御、書、數之六藝。樂為純粹美育；書以記述，亦尚美觀；射御在技術之熟練，而亦態度之嫻雅；禮之本義在守規則，而其作用又在遠鄙俗；蓋自數以外，無不含有美育成份者。其後若漢魏之文苑、晉之清談、南北朝以後之書畫與雕刻、唐之詩、五代以後之詞、元以後之小說與劇本，以及歷代著名之建築與各種美術工藝品，殆無不於非正式教育中行其美育之作用。

其在西洋，如希臘雅典之教育，以音樂與體操並重，而兼重文藝。音樂、文藝，純粹美育。體操者，一方以健康為目的，一方實以使身體為美的形式之發展；希臘雕像，所以成空前絕後之美，即由於此。所以雅典之教育，雖謂不出乎美育之範圍，可也。羅馬人雖以從軍為政見長，而亦輸入希臘之美術與文學，助其普及。中古時代，基督教徒，雖務以清靜矯俗；而峨特式[1]之建築，與其他音樂、雕塑、繪畫之利用，未始不迎合美感。自文藝復興以後，文藝、美術盛行。及十八世紀，經包姆加敦[2]（Baumgarten）與康德（Kant）之研究，而美學成立。經席勒爾[3]（Schiller）詳論美育之作用，而美育之標識，始彰明較著矣。（席勒爾所著，多詩歌及劇本；而其關於美學之著作，惟 *Brisfe über die Äesthetische Erziehung*，吾國「美育」之術語，即由德文之 Äesthetische Erziehung 譯出者也。）自是以後，歐洲之美育，為有意識之發展，可以資吾人之借鑑者甚多。

爰參酌彼我情形而述美育之設備如下：美育之設備，可分為學校、家庭、社會三方面。

學校自幼稚園以至大學校，皆是。幼稚園之課程，若編紙、若黏土、若唱歌、若舞蹈，若一切所觀察之標本，有一定之形式與色澤者，全為美的對象。進而至小學校，課程中如遊戲、音樂、圖畫、手工等，固為直接的美育；而其他語言與自然、歷史之課程，亦多足以引起美感。進而及中學校，智育之課程益擴加；而美育之範圍，亦隨以俱廣。例如，數學中數與數常有巧合之關係。幾何學上各種形式，為圖案之基礎。物理、化學上能力之轉移，光色之變化；地質學的礦物學上結晶之匀淨，閃光之變幻；植物學上活色生香之花葉；動物學上逐漸進化之形體，極端改飾之毛羽，各別擅長之鳴聲；天文學上諸星之軌道與光度；地文學上雲霞之色彩與變動；地理學上各方之名勝；歷史學上各時代偉大與都雅之人物與事跡，以及其他社會科學上各種大同小異之結構，與左右逢源之理論；無不於智育作用中，含有美育之元素；一經教師之提醒，則學者自感有無窮之興趣。其他若文學、音樂等之本屬於美育者，無待言矣。進而至大學，則美術、音樂、戲劇等皆有專校，而文學亦有專科。即非此類專科、專校之學生，亦常有公開之講演或演奏等，可以參加。而同學中亦多有關於此等美育之集會，其發展之度，自然較中學為高矣。且各級學校，於課程外，尚當有種種關於美育之設備。例如，學校所在之環境有山水可賞者，校之周圍，設清曠之園林。而校舍之建築，器具之形式，造像攝影之點綴，學生成績品之陳列，不但此等物品之本身，美的程度不同；而陳列之位置與組織之系統，亦大有關係也。

其次家庭：居室不求高大，以上有一二層樓，而下有地窟者為適宜。必不可少者，環室之園，一部份雜蒔花木，而一部份可容小規模之運動，如鞦韆、網球之類。其他若臥室之床几、膳廳之桌椅與食具、工作室之書案與架櫃、會客室之陳列品，不問華貴或質素，總須與建築之流派及各物品之本式，相互關係上，無格格不相入之狀。其最必要而為人人所能行者，清潔與整齊。其他若鄙陋之辭句，如惡謔與謾罵之類；粗暴與猥褻之舉動；無老幼、無男女、無主僕，皆當屏絕。

其次社會：社會之改良，以市鄉為立足點。凡建設市鄉，以上水管、下水管為第一義；若居室無自由啟閉之水管，而道路上見有穢水之流演、糞桶與糞船之經過，則一切美觀之設備，皆為所破壞。次為街道之佈置，宜按全市或全鄉地面而規定大街若干、小街若干，街與街之交叉點，皆有廣場。場中設花塢，隨時移置時花；設噴泉，於空氣乾燥時放射之；如北方各省塵土飛揚之所，尤為必要。陳列美術品，如名人造像，或神話、故事之雕刻等。街之寬度，預為規定，分步行、車行各道，而兩旁悉植樹。兩旁建築，私人有力自營者，必送其圖於行政處，審為無礙於觀瞻而後認可之；其無力自營而需要住所者，由行政處建設公共之寄宿舍，或為一家者，或為一人者，以至廉之價賃出之。於小學校及幼稚園外，尚有寄兒所，以備孤兒或父母同時作工之子女可以寄託，不使搶攘於街頭。對於商店之陳列貨物，懸掛招牌，張貼告白，皆有限制，不使破壞大體之美觀，或引起惡劣之心境。載客運貨之車，能全用機力，最善。必不得已而利用畜力，或人力，則牛馬必用強壯者，裝載之量與運行之時，必與其力相稱。人力間用以運輕便之物，或負擔，或曳車、推車。若為人舁轎挽車，惟對於病人或婦女，為徜徉遊覽之助者，或可許之。無論何人，對於老牛、羸馬之竭力以曳重載，或人力車夫之袒背浴汗而疾奔，不能不起一種不快之感也。設習藝所，以收錄貧苦與殘疾之人，使得於能力所及之範圍，稍有所貢獻，以償其所享受，而不許有沿途乞食者。設公墓，可分為土葬、火葬兩種，由死者遺命或其子孫之意而選定之。墓地上分區、植樹、蒔花、立碑之屬，皆有規則。不許於公墓以外，買地造墳。分設公園若干於距離適當之所，有池沼亭榭、花木魚鳥，以供人工作以後之休憩。設植物園，以觀賞四時植物之代謝。設動物園，以觀賞各地動物特殊之形狀與生活。設自然歷史標本陳列所，以觀賞自然界種種悅目之物品。設美術院，以久經鑑定之美術品，如繪畫、造像，及各種美術工藝，刺繡、雕鏤之品，陳列於其中，而有一定之開放時間，以便人觀覽。設歷史博物院，以使人知一民族之美術，隨時代而不同。設民族學博物院，以使人知同時代中，各民族之美術，各有其特色。設美術展覽會，或以新出之美術品，供人批評；或以私人之所收藏，暫供眾覽，或由他處陳列所中，抽借一部，使觀賞者常有新印象，不為美術院所限也。設音樂院，定期演奏高尚之音樂，並於公園中為臨時之演奏。設出版物檢查所，凡流行之詩歌、小說、劇本、畫譜、以至市肆之掛屏、新年之花紙，尤其兒童所讀閱之童話與畫本等，凡粗獷、猥褻者禁止之；而擇其高尚優美者助為推行。設公立劇院及影戲院，專演文學家所著名劇及有關學術、能引起高等情感之影片，以廉價之入場券引人入覽。其他私人營業之劇院及影戲院，所演之劇與所照之片，必經公立檢查所之鑑定，凡卑猥陋劣之作，與真正之美感相衝突者，禁之。婚喪儀式，凡陳陳相因之儀仗、繁瑣無理之手續，皆廢之；定一種簡單而可以表示哀樂之公式。每年遇國慶日，或本市本鄉之紀念日，則於正式祝典以外，並可有市民極端歡娛之表示；然亦有一種不能越過之制限；蓋文明人無論何時，總不容有無意識之舉動也。以上所舉，似專為新立之市鄉而言，其實不然。舊有之市鄉，含有多數不合美育之分子者，可於舊市鄉左近之空地，逐漸建設，以與之交換；或即於舊址上局部改革。

要之美育之道，不達到市鄉悉為美化，則雖學校，家庭盡力推行，而其所受環境之惡影響，終為阻力；故不可不以美化市鄉為最重要之工作也。

據《教育大辭書》上冊，商務印書館一九三零年出版。

註釋

1 峨特式：Art Gothique。一種興盛於中世紀盛期和晚期的建築風格，以尖頂、拱門、飛拱為主要特點，今譯哥特式。

2 包姆加敦：即鮑姆加登 Alexander Gottlieb Baumgarten。

3 席勒爾：即席勒 Egon Schiele。

美育與人生

人的一生，不外乎意志的活動。而意志是盲目的：其所恃以為較近之觀照者，是知識；所以供遠照、旁照之用者，是感情。

意志之表現為行為。行為之中，以一己的衛生而免死、趨利而避害者為最普通；此種行為，僅僅普通的知識就可以指導了。進一步的，以眾人的生及眾人的利為目的，而一己的生與利即託於其中。此種行為，一方面由於知識上的計較，知道眾人皆死而一己不能獨生；眾人皆害而一己不能獨利。又一方面，則亦受感情的推動，不忍獨生以坐視眾人的死，不忍專利以坐視眾人的害。更進一步，於必要時，願捨一己的生以救眾人的死；願捨一己的利以去眾人的害，把人我的分別，一己生死利害的關係，統統忘掉了。這種偉大而高尚的行為，是完全發動於感情的。

人人都有感情，而並非都有偉大而高尚的行為，這由於感情推動力的薄弱。要轉弱而為強，轉薄而為厚，有待於陶養。陶養的工具，為美的對象；陶養的作用，叫作美育。

美的對象，何以能陶養感情？因為他有兩種特性：一是普遍；二是超脫。一瓢之水，一人飲了，他人就沒得分潤；容足之地，一人佔了，他人就沒得並立；這種物質上不相入的成例，是助長人我的區別、自私自利的計較的。轉而觀美的對象，就大不相同。凡味覺、臭覺、膚覺之含有質的關係者，均不以美論；而美感的發動，乃以攝影及音波輾轉傳達之視覺與聽覺為限，所以純然有「天下為公」之概。名山大川，人人得而遊覽；夕陽明月，人人得而賞玩；公園的造像，美術館的圖畫，人人得而暢觀。齊宣王稱「獨樂樂，不若與人樂樂」「與少樂樂，不若與眾樂樂」；陶淵明稱「奇文共欣賞」；這都是美的普遍性的證明。

植物的花，不過為果實的準備；而梅、杏、桃、李之屬，詩人所詠嘆的，以花為多。專供賞玩之花，且有因人擇的作用，而不能結果的。動物的毛羽，所以禦寒，人固有製裘、織呢的習慣；然白鷺之羽、孔雀之尾，乃專以供裝飾。宮室，可以避風雨就好了，何以要雕刻與彩畫？器具，可以應用就好了，何以要圖畫？語言，可以達意就好了，何以要特別音調的詩歌？可以證明美的作用，是超越乎利用的範圍的。

既有普遍性以打破人我的成見，又有超脫性以透出利害的關係；所以當着重要關頭，有「富貴不能淫，貧賤不能移，威武不能屈」的氣概；甚且有「殺身以成仁」而不「求生以害仁」的勇敢；這種是完全不由知識的計較，而由於感情的陶養，就是不源於智育，而源於美育。

所以吾人固不可不有一種普通職業，以應利用厚生的需要；而於工作的餘暇，又不可不讀文學，聽音樂，參觀美術館，以謀知識與感情的調和。這樣，才算是認識人生的價值了。

美育代宗教

有的人常把美育和美術混在一起，自然美育和美術是有關係的，但這兩者範圍不同，只有美育可以代宗教，美術不能代宗教，我們不要把這一點誤會了。就視覺方面而言，美術包括建築、雕刻、圖畫三種，就聽覺方面而言，包括音樂。在現在學校裏，像圖畫、音樂這幾門功課都很注意，這是美術的範圍。至於美育的範圍要比美術大得多，包括一切音樂、文學、戲院、電影、公園小小園林的佈置、繁華的都市（例如上海）、幽靜的鄉村（例如龍華）等等，此外，如個人的舉動（例如六朝人的尚清談）、社會的組織、學術團體、山水的利用、以及其他種種的社會現狀，都是美化。美育是廣義的，而美術則意義太狹。美術是活動的，譬如中學生的美術就和小學生的不同；那一種程度的人，就有那一種的美術；民族文化到了甚麼程度，就產生甚麼程度的美術。美術有時也會引起不好的思想，所以國家裁制，便不用美術。

我為甚麼想到以美育代宗教呢？因為現在一般人多是抱着主觀的態度來研究宗

教，其結果，反對或者是擁護，紛紜聚訟，鬧不清楚。我們應當從客觀方面去研究宗教。不論宗教的派別怎樣的不同，在最初的時候，宗教完全是教育，因為那時沒有像現在那樣為教育而設的特殊機關，譬如基督教青年會講智、德、體三育，這就是教育。

初民時代沒有科學，一切人類不易知道的事，全賴宗教去代為解釋。初民對於山、海、光，以及天雨、天晴等等的自然界現象，很是驚異，覺得這些現象的發生，總有一個緣故在裏面。但是甚麼人去解釋呢？又譬如星是甚麼，太陽是甚麼，月亮是甚麼，世界甚麼時候起始，為甚麼有這世界，為甚麼有人類，這許多問題。現在社會人事繁複，生活太複雜，人類一天到晚，忙忙碌碌，沒有工夫去研究這些問題；但我們的祖宗生活卻很簡單，除了打獵外，便沒有甚麼事，於是就有摩西亞把這些問題作了一番有系統的解答，把生前是一種怎樣情形，死後又是一種怎樣情形，世界沒有起始以前是怎樣，世界將來的究竟又是怎樣，統統都解釋了出來。為甚麼會有日蝕、月蝕那種自然的現象呢？說是日或月給動物吞食了去。在《創世記》裏，說人類是上帝於一天之內造出來的，世界也是上帝造出來的，而且可吃的東西都有。經過這樣一番解釋之後，初民的求知慾就滿足了。這是說到宗教和智育的關係。

從小學教科書裏直到大學教科書裏，有人講給我們聽，說人不可做怎樣怎樣不好的事，這是從消極說法；更從積極方面，說人應該做怎樣怎樣的人，這就是德育。譬如摩西的十誡也說了許多人「可以」怎樣和「不可以」怎樣的話，無論那一種的宗教總是講規矩，講愛人愛友，愛敵如友，講怎樣做人的模範，現在的德育也是講人和人如何往來，人如何對待人，這是說到宗教和德育的關係。

宗教有跪拜和其他種種繁重的儀式，有的宗教的信徒每日還要靜坐多少時間，有許多基督教徒每年要往耶路撒冷去朝拜，佛教徒要朝山，要到大寺院裏去進香。我把這些情形研究的結果，原來都和體育與衛生有關。周朝很注重禮節，一部《周易》無非要人強壯身體，一部《禮記》規定了很繁重的禮節，也無非要人勇敢強有力，所謂平常有禮，有事當兵。這是說到宗教和體育的關係。

所以，在宗教裏面智、德、體三育都齊備了。

凡是一切教堂和寺觀，大都建築在風景最好的地方。歐洲文藝復興之後，在建築方面產生了許多格式。中國的道觀，其建築的格式最初大都由印度輸入，後來便漸漸地變成了中國式。回教的建築物，在世界美術上是很有名的。我們看了這些莊嚴燦爛的建築物，就可以明瞭這些建築物的意義，就是人在地上不夠生活，要跳上天去，而這天堂就是要建立在地上的。再說到這些建築物的內部也是很壯麗的，我們只要到教堂裏面去觀察，我們就可以看出裏面的光線和那些神龕都顯出神秘的樣子；而且教堂裏面一定有許多雕刻，這些雕刻都起源於基督教。現在有許多油畫和圖像，都取材自基督教；唐朝的圖像也都是佛。此外，在音樂方面，宗教的音樂，例如宗教上的讚美歌和歌舞，其價值是永遠存在的。現在會演說的人有許多是宗教家。宗教和文學也有很密切的關係，因為兩者都是感情的產物。凡此種種，其目的無非在引起人們的美感，這是宗教的一種很重要的作用。因為宗教注意教人，要人對於一切不滿意的事能找到安慰，使一切辛苦和不舒服能統統去掉。但是用甚麼方法呢？宗教不能用很嚴正的話或很具體的話去勸慰人，它只能利用音樂和其他一切的美術，使人們被引到別一方面去，到另外一個世界上去，而把具體世界忘掉。這樣，一切困苦便可以暫時去掉，這是宗教最大的作用。所以宗教必有抽象的上帝，或是先知，或是阿彌陀佛。這是說到宗教和美育的關係。

以前都是以宗教代教育，除了宗教外，沒有另外的教育，就是到了歐洲的中古時代，也還是這樣。教育完全在教堂裏面，從前日本的教育都由和尚擔任了去，也只有宗教上的人有那熱心和餘暇去從事於教育的事業。但現在可不同了，現在有許多的事，我們都不知道。譬如一張桌子，有腳，其原料是木頭，燈有光，等等。這些事情只有科學和工藝書能告訴我們，動物學和植物學也告訴了我們許多關於自然的現象。此外如地球如何發生，太陽是怎麼樣，星宿是怎麼樣，也有地質學和天文學可以告訴我們，而且解釋得很詳細，比宗教更詳細。甚而至於人死後身體怎樣的變化，靈魂怎樣，也有幽靈學可以告訴我們。還有精神上的動作，下意識的狀態等等，則有心理學可以告訴我們。所以單是科學已盡夠解釋一切事物的現象，用不着去請教宗教。這樣，宗教和智育便沒有甚麼關係。現在宗教對於智育，不但沒有甚麼幫助，而且反有障礙，譬如像現在的美國，思想總算很能自由，但在大學裏還不許教進化論，到現在宗教還保守着上帝七天造人之說，而不信科學。這樣說來，宗教不是反有害嗎？

講到德育，道德不過是一種行為。行為也要用科學的方法去研究的，先要考察地方的情形和環境，然後才可以定一種道德的標準，否則便不適用。例如在某地方把某種行為視為天經地義，但換一個地方便成為大逆不道。所以從歷史上看來，道德有的時候很是野蠻。宗教上的道德標準，至少是千餘年以前的聖賢所定，對於現在的社會，當然是已經不甚適用。譬如《聖經》上說有人打你的右頰，你把左頰也讓他打，有人剝你的外衣，你把裏衣也脫了給他。這幾句話意思固然很好，但能否做得到，是否可以這樣做，也還是一個問題。但相信宗教的人，卻要絕對服從這些教義。還有宗教常把男女當作兩樣東西看待，這也是不對的。所以道德標準不能以宗教為依歸。這樣說來，現在宗教對於德育，也是不但沒有益處，而且反有害處的。

至於體育，宗教注重跪拜和靜坐，無非教人不要懶惰，也不要太勞。有許多人進杭州天竺燒香，並不一定是相信佛，不過是趁這機會看看山水罷了。現在各項運動，如賽跑、玩球、搖船等等，都有科學的研究，務使身體上無論那一部份都能平均發達。遇着山水好的地方，便到那個地方去旅行。此外，又有療養院的設施，使人有可以靜養的處所。人疲勞了應該休息，換找新鮮空氣，這已成為老生常談。所以就體育而言，也用不着宗教。

這樣，在宗教的儀式中，就丟掉了智、德、體三育，剩下來的只有美育，成為宗教的唯一原素。各種宗教的建築物，如庵觀寺院，都造得很好，就是反對宗教的人也不會說教堂不是美術。宗教上的各種美術品，直到現在，其價值還是未動，還是能夠站得住，無論信仰宗教或反對宗教的人，對於宗教上的美育都不反對，所以關於美育一部份宗教還能保留。但是因為有了美育，宗教可不可以代美育呢？我個人以為不對。因為宗教上的美育材料有限制，而美育無限制。美育應該絕對的自由，以調養人的感情。吳道子的畫沒有人說他壞，因為每一個人都有他自己所欣賞的美術。宗教常常不許人怎樣怎樣，一提起信仰，美育就有限制。美育要完全獨立，才可以保有它的地位。在宗教專制之下，審美總不很自由。所以用宗教來代美育是不可的。還有，美育是整個的，一時代有一時代的美育。油畫以前是沒有的，現在才有。照相也是如此。唱戲也經過了許多時期。無論音樂、工藝美術品，都是時時進步的。但宗教卻絕對的保守。譬如一部聖經，那一個人敢修改？這和進化剛剛相反。美育是普及的，而宗教則都有界限。佛教和道教互相爭鬥，基督教和回教到現在還不能調和，印度教和回教也積不相能，甚至基督教中間也有新教、舊教、天主教、耶穌教之分，界限大，利害也就很清楚。美育不要有界限，要能獨立，要很自由，所以宗教可以去掉。宗教說好人死後不吃虧，但現在科學發達，人家都不相信。宗教又說，人死後有靈魂，做好人可以受福，否則要在地獄裏受災難，但究竟如何，還沒有人拿出實在證據來。

總之，宗教可以沒有，美術可以輔宗教之不足，並且只有長處而沒有短處，這是我個人的見解。這問題很是重要。這個題目是陳先生定的，不是我自己定的，我到現在還在研究中，希望將來有具體的計劃出來，我現在不過把已想到的大概情形向諸位說說。

天地博雅文叢

經典常談　朱自清 著
新編《千家詩》　田奕 編
邊城　沈從文 著
孔子的故事　李長之 著
啓功談金石書畫　啓功 著　趙仁珪 編
沈尹默談書法　沈尹默 著
詞學十講　龍榆生 著
詩詞格律概要　王力 著
唐宋詞欣賞　夏承燾 著
古代漢語常識　王力 著
梁思成建築隨筆　梁思成 著　林洙 編
簡易哲學綱要　蔡元培 著
唐宋詞啟蒙　李霽野 著
唐人絕句啟蒙　李霽野 著
唐詩縱橫談　周勛初 著
佛教基本知識　周叔迦 著
佛教常識答問　趙樸初 著
漢化佛教與佛寺　白化文 著
沈從文散文選　沈從文 著

www.cosmosbooks.com.hk

書　　名　簡易哲學綱要

作　　者　蔡元培

編輯委員會　梅　子　曾協泰　孫立川
陳儉雯　林苑鶯

責任編輯　祈　思

美術編輯　郭志民

出　　版　天地圖書有限公司
香港皇后大道東109-115號
智群商業中心15字樓（總寫字樓）
電話：2528 3671　傳真：2865 2609
香港灣仔莊士敦道30號地庫／1樓（門市部）
電話：2865 0708　傳真：2861 1541

印　　刷　美雅印刷製本有限公司
香港九龍官塘榮業街 6 號海濱工業大廈4字樓A室
電話：2342 0109　傳真：2790 3614

發　　行　香港聯合書刊物流有限公司
香港新界大埔汀麗路36號中華商務印刷大廈3字樓
電話：2150 2100　傳真：2407 3062

出版日期　2019年12月／初版

ISBN ： 978-988-8547-71-5